本书是2015年辽宁省社会科学基金一般项目（L15BJY022）研究成果

中国居民消费分析与扩大消费策略研究

王志文　卢　萍◎著

中国社会科学出版社

图书在版编目（CIP）数据

中国居民消费分析与扩大消费策略研究/王志文，卢萍
著.—北京：中国社会科学出版社，2016.11
ISBN 978-7-5161-9318-1

Ⅰ.①中… Ⅱ.①王…②卢… Ⅲ.①居民消费—研究—
中国②消费水平—研究—中国 Ⅳ.①F126.1

中国版本图书馆 CIP 数据核字（2016）第 280899 号

出 版 人	赵剑英
责任编辑	卢小生
责任校对	周晓东
责任印制	王 超

出 版	中国社会科学出版社
社 址	北京鼓楼西大街甲 158 号
邮 编	100720
网 址	http：//www.csspw.cn
发 行 部	010-84083685
门 市 部	010-84029450
经 销	新华书店及其他书店

印刷装订	三河市君旺印务有限公司
版 次	2016 年 11 月第 1 版
印 次	2016 年 11 月第 1 次印刷

开 本	710×1000 1/16
印 张	14
插 页	2
字 数	209 千字
定 价	55.00 元

前　言

经济增长主要依靠什么来拉动的问题，既是经济发展方式的问题，也是社会经济发展的指导思想和观念的问题。只有充分发挥消费需求拉动经济增长的原动力作用，才能使广大人民群众更多地分享改革的成果和实惠，才能保证经济和社会的和谐发展和可持续发展。消费是一个国家经济增长的原动力，是公民福利增加的源泉，如何发挥消费对经济的拉动作用已成为学术界研究的热点问题。

20世纪80年代，消费需求在中国经济增长中发挥了重要的作用。中国经济体制改革破除了不利于经济发展的制度和体制的障碍，解放和发展了生产力，也改变了以往片面发展重工业，重视投资，抑制消费的发展方针。曾经巨大的无法得到满足的消费需求，是中国80年代改革成功的重要因素。迅速扩张的消费需求虽然一度对经济发展形成了强大的压力，但也为非公有制企业的产生和发展，以及国有企业的改革，创造了一个相对宽松的市场环境，使企业在没有需求约束的情况下逐步适应市场经济体制，极大地减缓了改革进程中可能出现的波折。

20世纪90年代开始，中国经济增长越来越依赖于投资和出口，经济增长明显具有投资驱动型和出口拉动型的特征。这一现象的出现是由于中国收入分配中劳动者收入所占比重逐渐减少，收入差距进一步扩大，住房、医疗、保险体制的改革加大了消费者对未来支出的预期；居民在基本生存发展的刚性消费需求得到满足的情况下，持币储蓄的动机开始增强；最终消费在中国国内生产总值中的比重不断下降，对经济增长贡献率和拉动作用逐渐减弱。

投资驱动型和出口拉动型经济增长方式具有不可持续性，中国经济增长必须落在消费需求之上，建立消费需求拉动型经济增长机制是中国经济发展的必然要求。短期内，投资和出口对经济增长具有很强的带动作用，扩大投资和出口能够提高就业水平，缓解有效需求不足，促进产出增长。然而，在长期发展中，中国经济增长不可能总是依赖国际市场。在缺乏最终消费需求支持的情况下，产品价值难以实现，投资也将难以为继。

美国"次贷危机"的爆发，宣告了中国从 2003 年开始的新一轮经济增长的结束。中国宏观经济政策迅速由预防通货膨胀以及经济过热的危险转变为防止经济下行的风险。这充分暴露了出口导向型发展战略的弊端，说明过度依靠出口来带动经济增长是一把"双刃剑"，中国在出口增长进而拉动经济增长的同时，也加大了对国际市场的依赖，增加了经济增长过程中的不确定性风险。

随着消费需求对中国经济增长约束作用的增强，中国消费不足问题逐渐得到重视，充分发挥消费需求对国民经济增长的拉动作用，增强有效供给，推进供给侧改革，成为中国经济进一步发展的重要手段。中国早在"十一五"规划中就指出："必须保持经济平稳较快发展。要进一步扩大国内需求，调整投资和消费的关系，合理控制投资规模，增强消费对经济增长的拉动作用。"

中国经济进入新常态阶段，提高最终消费率，促进居民消费结构升级，不仅是中国应对经济衰退的手段，也是中国经济长期发展的必然要求，对消费需求进行宏观调控是需要长期坚持的政策。从调控的时机来看，经济处于增长阶段时，对消费需求进行调控阻力相对较小，提高消费也相对容易。经济衰退阶段，促进消费需求政策的阻力较大，应当以扩张型的财政政策和货币政策为主。政策实施过程中，应当把短期经济复苏和长期经济发展结合起来，加大财政支出中民生部分，提高社会公共消费水平，消除基础设施因素对消费的制约，改善消费环境，逐步提高社会消费水平。

本书对中国居民消费现状和特征进行了实证分析，结合经济学原理，分析了如何扩大消费需求，发挥消费对经济增长的拉动作用，建立消费需求拉动型经济增长机制等问题，具体分析了需求因素、供给因素、体制因素之间相互关系和对建立消费需求拉动型经济增长机制的制约，较为全面地提出建立消费需求拉动型经济增长机制的对策，超越当前单纯以扩大消费促进经济增长的理论研究现状，对拓展中国当前消费理论、经济增长理论，做了有益的尝试。

全书共分六章。第一章描述了中国居民消费特点及变动趋势。以统计数据为基础分析了中国居民消费水平和结构，对城乡消费倾向做出了动态分析，对中外居民消费做了对比分析。

第二章论述了经济新常态阶段中国扩大消费需求的经济学意义。分析了扩大消费需求是中国转变经济发展方式的必然选择。消费对中国产业结构升级、就业问题的解决和推进城镇化建设均可发挥重要作用。

第三章分析提升居民收入水平与扩大消费需求的内在联系。通过人均 GDP 和人均收入等指标，对购买主体、购买力、消费意愿、实现环境等影响因素做出判断，揭示收入水平与消费需求的内在相关性。

第四章揭示中国供给侧结构性改革对扩大消费需求的重要影响。供给能够带动消费需求上涨是有理论依据的，中国存在有效供给不足的问题，供给侧改革重在以产品质量提升增进消费信心，通过满足高端市场和个性化消费来实现生产扩张。

第五章阐述扩大消费需求的总体思路。强调遵循循环经济规律、关注民生，通过有效供给、增加收入、优化环境、社会保障、城镇化进程等途径实现扩大消费，主张以"三驾马车"更加均衡地拉动经济增长。

第六章给出经济新常态阶段中国扩大消费需求的对策建议。包括培育和扩大新的消费热点、不断优化居民消费软环境、大力发展服务业和新型消费业态、完善公共服务体系和加强社会保障、深化分配制度改革、破除二元经济结构、激活农村消费市场等方面。

作为拉动中国经济增长重要引擎之一的消费经历了曲折的发展历程，了解中国消费的发展趋势和面临的机遇，以期在对提振中国消费的问题上能够看到各级政府制定出具有针对性的政策措施，让消费拉动经济成为现实。

王志文　卢　萍

2016 年 7 月 11 日

目　录

第一章　中国居民消费特点及变动趋势

第一节　中国居民消费特点的历史回顾

一　中国居民消费水平与消费构成特点分析

（一）消费增长稳定提升，城乡消费水平差别较大

中国改革开放 30 多年以来，消费水平和增长速度稳定提升，主要原因是计划供给约束解除，生产与消费关系发生了根本性改变。改革开放以后，随着放权让利过程的深入，居民收入增长较快。在收入增长支持下，长期低水平消费蓄积的消费需求能量快速释放出来。改革开放之初，中国是以生产资料生产为主的重型生产结构，满足消费需求的供给能力不足。这就形成了消费品供不应求的总量格局，使生产和供给成为决定消费变化的主导方面。在这一格局下，生产和供给的规模一方面扩张很快，另一方面波动幅度也比较大。

农村消费水平受自然条件限制，与城市相比，差距还比较大，但发展速度与城市基本一致，近年来甚至快于城市消费水平的提升，未来上升空间比较大。

根据《中国统计年鉴》（2015）居民消费水平的统计数据，自改革开放以来，中国居民消费水平稳定增长，城乡增长速度基本一致，但是人均消费水平差异加大。如图 1 - 1 至图 1 - 3 和表 1 - 1 至表 1 - 3 所示。

（二）消费结构变化速度加快

20 世纪 90 年代到 2014 年的 15 年，城镇居民人均消费水平增长

20.1%，略快于国内生产总值的增长速度，在八大项支出中，增幅最快的是交通通信支出，高达 34.7%，吃、穿、用的增幅相对是比较低的三种，文化娱乐消费增幅高于一般消费平均增幅，可见，消费结构明显升级。

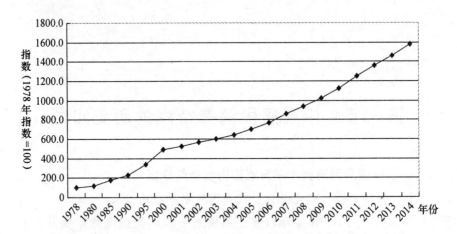

图 1－1　中国 1978—2014 年全体居民人均消费指数

注：指数按 1978 年不变价格计算。

资料来源：《中国统计年鉴》（2015）。

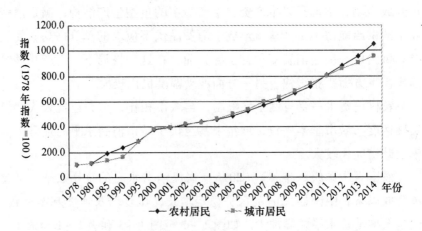

图 1－2　中国城乡居民 1978—2014 年人均消费指数对比

注：指数按 1978 年不变价格计算。

资料来源：《中国统计年鉴》（2015）。

表 1 - 1 　　　　中国居民 2005—2014 年人均消费水平　　　　单位：元

年　份	全体居民	农村居民	城市居民
2005	5771	2784	9832
2006	6416	3066	10739
2007	7572	3538	12480
2008	8707	4065	14061
2009	9514	4402	15127
2010	10919	4941	17104
2011	13134	6187	19912
2012	14699	6964	21861
2013	16190	7773	23609
2014	17806	8744	25449

注：按当年现价计算，主要分析城乡区别。

资料来源：《中国统计年鉴》（2015）。

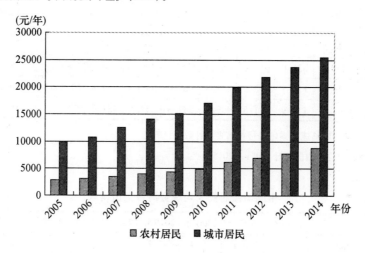

图 1 - 3　2005—2014 年中国人均消费水平的城乡对比

资料来源：《中国统计年鉴》（2015）。

恩格尔系数[①]是由食物支出金额在总支出金额中所占比重来最后

———————

① 恩格尔系数是食品支出总额占个人消费支出总额的比重。19 世纪德国统计学家恩格尔根据统计资料，对消费结构的变化得出一个规律：一个家庭收入越少，家庭收入中（或总支出中）用来购买食物的支出所占的比例就越大，随着家庭收入的增加，家庭收入中（或总支出中）用来购买食物的支出比例则会下降。推而广之，一个国家越穷，每个国民的平均收入中（或平均支出中）用来购买食物的支出所占比例越大，随着国家的富裕，这个比例呈下降趋势。参见百度百科：http://baike.baidu.com。

决定。恩格尔系数达 59% 以上为贫困，50%—59% 为温饱，40%—50% 为小康，30%—40% 为富裕，低于 30% 为最富裕。按照这一系数反映，中国在"十二五"期间已经达到富裕水平（见图 1-4）。

表 1-2　　　　中国城镇居民人均现金消费及其构成情况　　　单位：元、%

指标	1990 年	1995 年	2000 年	2010 年	2011 年	2012 年	2013 年	2014 年	平均增长速度
人均现金消费支出	1278.9	3537.6	4998.0	13471.5	15160.9	16674.3	15453.0	16690.6	20.1
食品	693.8	1772.0	1971.3	4804.7	5506.3	6040.9	5461.2	5874.9	16.5
衣着	170.9	479.2	500.5	1444.3	1674.7	1823.4	1551.5	1626.6	17.5
居住	60.9	283.8	565.3	1332.1	1405.0	1484.3	1579.9	1625.6	26.4
家庭设备及用品	108.5	263.4	374.5	908.0	1023.2	1116.1	1124.0	1225.6	18.9
交通通信	40.5	183.2	427.0	1983.7	2149.7	2455.5	2313.6	2631.5	34.7
文教娱乐	112.3	331.0	669.6	1627.6	1851.7	2033.5	1986.2	2140.7	23.4
医疗保健	25.7	110.1	318.1	871.8	969.0	1063.7	954.8	1038.5	30.3
其他	66.6	114.9	171.8	499.2	581.3	657.1	481.7	527.1	15.9

注：平均增长速度系笔者根据本表统计数据计算。

资料来源：《中国统计年鉴》（2015）。

表 1-3　　　　中国城镇居民人均现金消费支出构成　　　单位：%

类别	1990 年	1995 年	2000 年	2010 年	2011 年	2012 年	2013 年	2014 年
食品	54.2	50.1	39.4	35.7	36.3	36.2	35.3	35.2
衣着	13.4	13.5	10.0	10.7	11.0	10.9	10.0	9.7
居住	4.8	8.0	11.3	9.9	9.3	8.9	10.2	9.7
家庭设备及用品	8.5	7.4	7.5	6.7	6.7	6.7	7.3	7.3
交通通信	3.2	5.2	8.5	14.7	14.2	14.7	15.0	15.8
文教娱乐	8.8	9.4	13.4	12.1	12.2	12.2	12.9	12.8
医疗保健	2.0	3.1	6.4	6.5	6.4	6.4	6.2	6.2
其他	5.2	3.2	3.4	3.7	3.8	3.9	3.1	3.2

资料来源：《中国统计年鉴》（2015）。

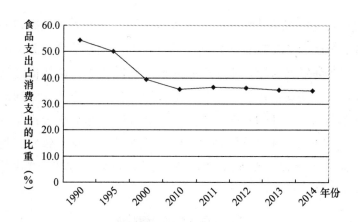

图1-4　中国恩格尔系数趋势（1990—2014年）

资料来源：《中国统计年鉴》（2015）。

（三）最终消费率提高

最终消费支出是指常驻单位为满足物质、文化和精神生活的需要，从本国经济领土和国外购买的货物和服务的支出。它不包括非常驻单位在本国经济领土内的消费支出。最终消费支出分为居民消费支出和政府消费支出。最终消费率是指最终消费支出占支出法国内生产总值的比重。

《中国统计年鉴》在按照支出法对国内生产总值核算时，支出法国内生产总值是从最终使用的角度反映一个国家（或地区）一定时期内生产活动最终成果的一种方法，包括最终消费支出、资本形成总额及货物和服务净出口三部分。其计算公式为：

支出法国内生产总值＝最终消费支出＋资本形成总额＋货物和服务净出口

最终消费比例提升就意味着经济增长提高了对消费的依赖程度。新中国成立以来最终消费率一直在60%左右，经济增长对消费依赖程度较高，但投资拉动增长速度较快。经济发展模式的重大转变：从粗放转为集约，从数量型转为质量效益型。曾经在20世纪80年代以来的一个时期，供给对消费形成了强制性约束，相应提高了储蓄和积累的比重。供不应求引起价格水平不断提高，加之高储蓄和高积累，支持了投资和经济的高增长。这些在国内生产总值使用中就表现为投资率提高，最终消费率降低。在消费约束生产和供给的情况下，一方面消费品和服务供应充裕，质量不断提高，价格低廉，必然促进消费更快增长；另一方面，价格走低，市场竞争激烈，对生产投资活动会形成一定的抑制，资金剩余和利率下降，对储蓄和积累也会产生一定影响。因此，在国内生产总值使用中就表现为最终消费率提高，投资率降低。从"十二五"规划倡导消费拉动经济以来，最终消费比重有所提升（见表1-4和图1-5）。

表1-4　　　　　　　　　支出法国内生产总值构成

年份	支出法国内生产总值（亿元）	最终消费支出（亿元）	资本形成总额（亿元）	货物和服务进出口（亿元）	最终消费率（消费率）（%）	资本形成率（投资率）（%）
2006	219424.6	114894.9	87875.2	16654.6	52.4	40.0
2007	269486.4	136438.7	109624.6	23423.1	50.6	40.7
2008	317172.0	157746.3	135199.0	24226.8	49.7	42.6
2009	346431.2	173093.0	158301.1	15037.1	50.0	45.7
2010	406580.9	199508.4	192015.3	15057.1	49.1	47.2
2011	480860.7	241579.1	227593.1	11688.5	50.2	47.3
2012	534744.5	271718.6	248389.9	14636.0	50.8	46.5
2013	589737.2	301008.4	274176.7	14552.1	51.0	46.5
2014	640696.9	329450.8	293783.1	17463.0	51.4	45.9

资料来源：《中国统计年鉴》（2015）。

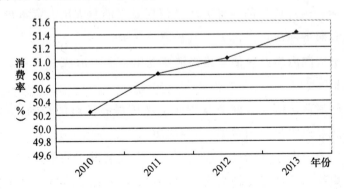

图1-5　中国"十二五"期间最终消费率

资料来源：《中国统计年鉴》（2015）。

生产和消费是社会再生产的两个基本环节，形成生产和消费之间的良性循环，是保证经济健康发展的基础。在消费约束的情况下，努力扩大消费需求，从市场终端拉动投资。

二 模仿型排浪式消费的结束和未来消费特征

(一) 模仿型排浪式消费已经结束

模仿型排浪式消费，是指在消费产品和内容上，落后地区模仿发达地区并引发集中购买的现象，表现为一段时间内以一种消费或一类消费为主导。比如，新中国成立以来中国国民消费史上有这么几个排浪时期："老三大件"时期，手表、自行车、缝纫机，社会购买力比较集中地冲击这几样商品；"新三大件"时期，彩电、冰箱、洗衣机，又构成了国民生活新的常规需求；后来，出现了汽车爆发式消费和家电下乡；再往后，信息消费领域比如手机、电脑等，都带有一种浪潮式的消费特征。中国在经历过以家电消费、住房、汽车、信息消费为主导的时期后，近年来随着电子商务的发展，网络购物逐渐成为一种趋势。

模仿型排浪式消费是一个历史形成过程，它对中国经济产生了很深的影响。一方面，中国人口基数大，很多国民富起来的时间还比较短，在这种背景下，模仿型排浪式消费的出现是必然的。在特定的历史阶段，它对拉动中国经济增长、改善国民生活产生了积极的作用。另一方面，随着经济社会发展，中国消费生活方式和消费资源获取方式已经从票证化向市场化转变，人们对于物质财富的理解、对于社会形态的认识、对于个性体验的重视，使消费总量在增长的同时，消费结构也在产生巨大的更新。2015 年，模仿型排浪式消费阶段基本结束。

在排浪式消费过程中，消费没有创新，热点比较集中，一段时间内有一种消费成为主导，未来消费重点将比较分散，更加体现个性化。

(二) 个性化、多样化消费渐成主流

个性化、多样化消费渐成主流，现在中国的不少消费领域已经在展现不模仿、不排浪的特征了。比如，一些企业卖家电，不再只是卖东西这么简单，他们还在研究消费者，针对消费者的不同需求进行量身打造，上门量产品摆放空间的尺寸，根据消费者的需求打造产品，

从源头上转向个性化服务。比如，移动互联网消费，中国虽然是后来居上，但已经成为引领消费、扩大内需、提振经济的新动力，成为个性化、多样化消费最明显的一个载体，快递业之所以兴旺，也是个性化、多样化消费时代的一种反映。又如旅游领域，国内也好，国外也好，很多人的需求更加个性化，喜欢自驾、自由行，体现自己的价值，成为个性化、多样化消费时代最强劲的诉求表达。

从消费需求看，如今个性化、多样化消费渐成主流，消费者更加自主，选择更具差异性。保证产品质量安全、通过创新供给激活需求的重要性也显著上升。"十二五"时期居民消费需求的发展态势主要表现在：

1. 电子商务逐渐成为一种新兴的消费方式

随着互联网技术、电子计算机的普及，人们越来越多地开始一种新兴的购物体验和尝试——电子商务，即通俗称谓的"网购"。智能手机的迅速普及，推动了这种互联网购物的发展，消费者可以通过手机上网实现更多的餐饮、物流、交通、娱乐等消费行为，这种网络消费的方便快捷吸引了越来越多的消费者，并且逐渐成为一种新兴的消费潮流，在人们的消费结构中所占的比例也越来越大。

2. 休闲娱乐逐渐成为消费新热点

休闲娱乐的范围很广，既包含餐饮、旅游、住宿，又包含健身、艺术欣赏等，总之，凡是能够给人身心带来愉悦的物质和非物质的消费都可以涵盖在休闲娱乐这一范围之内。人们生活水平提高，可支配收入的提升，这些都为休闲娱乐提供了支撑条件和基础，当前，越来越多的人将越来越多的钱花在了休闲娱乐上，休闲娱乐正在成为一个消费新热点。

3. 服务类消费增长迅速、门类拓宽

以往一提到服务消费，我们首先就会想到餐饮服务、住宿服务，近年来，辽宁居民的服务类消费可以说是种类繁多且增长速度非常快的。金融服务业、家政服务业、婚庆服务业、物流服务业以及咨询服务业（高考志愿申报咨询、出国留学咨询、心理咨询等）逐渐成长为新兴的服务业消费热点，越来越完善和健全的服务业为人民生活带来了便利，同时也增加了人们的消费，对经济发展发挥了重要的作用。

4. "老龄化"带来消费领域新商机

近年来，随着"老龄化"社会的到来，越来越多与"养老"相关的消费获得了关注和青睐，人口老龄化无疑为传统的消费领域带来了新商机。如何让老年人老有所养、老有所依、老有所爱，成为社会关注的热点，由此带来的"老年公寓""老年大学""老年健康机构"等逐渐成为新的消费热点，并且催生了更多与老年人健康生活相关的消费领域。

这样的消费趋势、消费现象、消费潮流，凸显的问题或者说机遇就是制造业、服务业及其相关产品和服务，需要因时而变。按照收入水平，大体上中国已经形成了高、中、低三大消费群体，而且这样一个分布状态是动态的。"模仿型排浪式消费阶段基本结束"，"消费拉开档次，个性化、多样化消费渐成主流"，这是有破有立的过程。各行各业如何完成消费替代升级？如何把握三大群体的消费特点，如何满足他们的消费需求，需要动脑子，需要落地。一些个性化、多样化的消费领域，洋品牌明显占优势，更吃香，国内自己的产品和服务如何在研究、创新和设计上对接消费需求，如何代表国家的尊严和体面？有的人手里有钱买不到满意的东西，一部分企业手里有产品和服务，但卖不出去，如何改变这样的状况？这都是应对"个性化、多样化消费渐成主流"需要做好的文章。保障产品质量安全、通过创新供给激活需求的重要性显著上升，这对于中国经济意味着机遇与挑战。

三　"三驾马车"对中国经济增长的贡献率比较

从全国"十一五"至"十二五"时期，"三驾马车"对经济增长贡献率分析来看，最终消费尚未起到主体作用，但其作用能力有所提高。

采用2005—2014年的数据，观测三大需求对国内生产总值的贡献率和拉动率①，资本积累带来的投资过热明显大于消费贡献率。但是，在"十二五"期间投资贡献率开始下降；消费需求贡献率平稳且

---

① 三大需求是指支出法国内生产总值的三大构成项目，即最终消费支出、资本形成总额、货物和服务净出口；贡献率是指三大需求增量与支出法国内生产总值增量之比；拉动是指国内生产总值增长速度与三大需求贡献率的乘积。

呈现缓慢增长趋势，二者高低交替，最终比较接近；净出口贡献率波动较大，贡献率回归为0点，即全国进口总量接近出口总量。消费拉动下滑止于"十二五"末期，最终趋于平稳。表1-5是对比分析。

表1-5　　　　三大需求对国内生产总值增长的贡献率和拉动

年份	最终消费支出		资本形成总额		货物和服务净出口	
	贡献率（%）	拉动（百分点）	贡献率（%）	拉动（百分点）	贡献率（%）	拉动（百分点）
2005	55.0	6.2	32.3	3.7	12.6	1.4
2006	42.4	5.4	42.3	5.4	15.2	1.9
2007	45.8	6.5	43.4	6.2	10.8	1.5
2008	45.0	4.3	52.3	5.0	2.7	0.3
2009	56.8	5.2	86.0	7.9	-42.8	-3.9
2010	46.3	4.9	65.2	6.9	-11.5	-1.2
2011	62.8	6.0	45.4	4.2	-8.2	-0.8
2012	56.5	4.3	41.8	3.2	1.7	0.1
2013	48.2	3.7	54.2	4.2	-2.4	-0.2
2014	51.6	3.8	46.7	3.4	1.7	0.1

注：本表按不变价格计算。

资料来源：《中国统计年鉴》（2015）。

从图1-6来看，最终消费支出贡献率与资本形成总额贡献率逐渐接近对等水平，进出口持平。

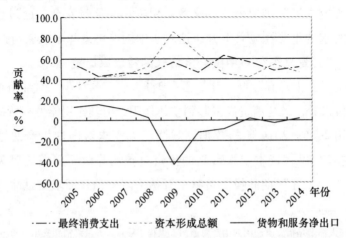

图1-6　2005—2014年三大需求对国内生产总值增长的贡献率比较分析

资料来源：《中国统计年鉴》（2015）。

图1-7显示,自2011年以来,最终消费对国内生产总值拉动作用呈下降趋势,消费拉动不足。

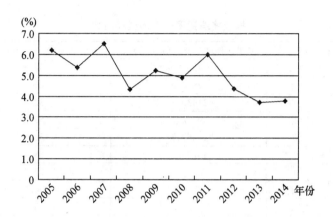

图1-7 最终消费对国内生产总值拉动程度

资料来源:《中国统计年鉴》(2015)。

第二节 中国各省份居民消费率对比分析

一 各省份最终消费对比分析

(一)消费率省域对比分析

最终消费支出是指常驻单位为满足物质、文化和精神生活的需要,从本国经济领土和国外购买的货物和服务的支出。这一指标不包括非常驻单位在本国经济领土内的消费支出。最终消费支出分为居民消费支出和政府消费支出[《中国统计年鉴》(2015)指标解释]。

按照最终消费(包括居民消费和政府消费支出)对各省份排序(见表1-6),西藏自治区以国内生产总值水平最低,消费率为64.6%,排在第1位。排在前10位的省份,除北京和上海两大城市以外,基本都是边远省份,国内生产总值相对较低。消费成为生活保障,在国内生产总值中占比过半,投资相对较弱,在50%以内。排在

后 10 位的省份，显然，在转变为消费拉动经济增长方面，上升空间
比较大，应适当降低投资规模。

表 1－6 按最终消费率排序的省域对比

排序	地区	支出法地区生产总值（亿元）	最终消费率（消费率）（%）
1	西藏	920.8	64.6
2	云南	12814.6	64.0
3	北京	21330.8	62.5
4	甘肃	6836.8	59.0
5	上海	23567.7	58.8
6	黑龙江	15275.2	58.1
7	贵州	9266.4	57.1
8	新疆	9273.5	54.2
9	宁夏	2752.1	53.4
10	广西	15672.9	52.2
11	四川	28536.7	50.9
12	青海	2303.3	50.1
13	广东	67809.9	50.0
14	山西	12761.5	49.9
15	海南	3500.7	49.2
16	江西	14410.2	49.1
17	安徽	20848.8	48.6
18	河南	34938.2	48.2
19	浙江	40173.0	48.2
20	江苏	65088.3	47.7
21	重庆	14262.6	47.4
22	湖南	27037.3	46.1
23	陕西	17689.9	44.2
24	湖北	28728.2	43.7
25	河北	29421.2	42.6
26	辽宁	28626.6	42.6
27	山东	59426.6	40.7
28	内蒙古	17769.5	40.3
29	天津	15727.0	39.8
30	福建	24055.8	38.7
31	吉林	14631.4	37.0

注：本表地区生产总值按当年价格计算。

资料来源：《中国统计年鉴》（2015）。

（二）各省政府消费支出和居民消费支出对比分析

通过对最终消费数据的进一步分析，可以看出政府消费支出和居民消费支出的水平对比。① 对各省份最终消费总量排序没有特别的说服力，因为各省份人口总量和土地面积差别很大，自然条件不均衡，对比的实际意义不是很大，但是，对各省份消费支出的结构进行分析，却能说明各省份消费模式与惯性。以下是对各省份政府支出所占比重进行的排序。排名靠前的省份说明政府支出，在消费总量中占比比较高，提供的公共服务比较多；排名靠后的省份，表明该省份的政府消费水平在总消费中占比较低，提供的公共服务比较少，上升空间还很大。以辽宁省为例，该省份的居民消费占比在全国各省份中占比最高，达到80%以上；政府消费占比最低，不到20%，并且这一指标在近年来始终处于全国各省份中排名最后的位置。说明辽宁省的消费主要是靠居民消费来实现对经济增长的拉动，政府在未来提高公共服务的空间还很大。

二　各省份居民消费水平对比分析

对居民消费水平的分析，显然，需要按人均消费来看才具有实际意义。通过对各省份全体居民排序，以及对农村和城镇居民分别排序，可以看出各省份居民生活水平的差异，以及城乡水平的差异。排名靠前的省份生活水平较高，排名靠后的省份生活水平较低。三大直辖市和江苏、浙江、广东的生活水平明显高，西北和西南的少数民族地区生活水平相对落后，至于这些具体情况，在表1－7中可见到具体数字。

----

① 政府消费支出是指政府部门为全社会提供的公共服务的消费支出和免费或以较低的价格向居民住户提供的货物和服务的净支出，前者等于政府服务的产出价值减去政府单位所获得的经营收入的价值，后者等于政府部门免费或以较低价格向居民住户提供的货物和服务的市场价值减去向住户收取的价值。居民消费支出是指常住住户在一定时期内对于货物和服务的全部最终消费支出。居民消费支出除直接以货币形式购买的货物和服务的消费支出外，还包括以其他方式获得的货物和服务的消费支出，即所谓的虚拟消费支出。居民虚拟消费支出包括几种类型：单位以实物报酬及实物转移的形式提供给劳动者的货物和服务；住户生产并由本住户消费了的货物和服务，其中的服务仅指住户的自有住房服务和付酬的家庭雇员提供的家庭和个人服务；金融机构提供的金融媒介服务［《中国统计年鉴》(2015) 指标解释]。

表1-7　　　　按政府消费支出占比排序的省域对比

排序	地区	最终消费支出（亿元）	居民消费支出（%）	政府消费支出（%）
1	西藏	595.2	38.4	61.6
2	新疆	5024.5	56.5	43.5
3	北京	13329.2	57.7	42.3
4	黑龙江	8877.3	65.7	34.3
5	海南	1722.7	67.4	32.6
6	宁夏	1468.6	68.1	31.9
7	青海	1154.4	68.1	31.9
8	天津	6253.6	68.1	31.9
9	甘肃	4035.6	68.4	31.6
10	内蒙古	7158.2	69.3	30.7
11	吉林	5408.0	69.5	30.5
12	云南	8207.5	70.1	29.9
13	河北	12539.0	71.4	28.6
14	陕西	7816.1	71.4	28.6
15	山西	6365.6	71.8	28.2
16	江苏	31067.3	72.5	27.5
17	湖北	12562.8	72.6	27.4
18	河南	16850.1	73.1	26.9
19	广西	8187.7	74.9	25.1
20	上海	13858.1	75.1	24.9
21	贵州	5288.5	75.3	24.7
22	重庆	6764.7	76.1	23.9
23	浙江	19365.4	76.4	23.6
24	江西	7082.6	76.5	23.5
25	四川	14529.9	76.9	23.1
26	安徽	10136.8	77.3	22.7
27	山东	24193.1	77.4	22.6
28	广东	33920.6	77.4	22.6
29	湖南	12463.1	77.5	22.5
30	福建	9299.3	77.8	22.2
31	辽宁	12192.7	80.2	19.8

注：本表地区生产总值按当年价格计算。

资料来源：《中国统计年鉴》（2015）。

表 1 – 8　　　　　　　各省份居民 2014 年人均消费水平对比　　　　单位：元

排序	地区	全体居民	地区	农村居民	地区	城镇居民
1	上海	43007.0	上海	22803.0	上海	45352.0
2	北京	36057.0	北京	20506.0	北京	38515.0
3	天津	28492.0	江苏	17780.0	江苏	34074.0
4	江苏	28316.0	浙江	17281.0	浙江	32186.0
5	浙江	26885.0	天津	16949.0	天津	31000.0
6	广东	24581.7	广东	12674.0	广东	30216.2
7	辽宁	22260.0	辽宁	12178.0	辽宁	27282.0
8	内蒙古	19827.0	福建	11908.0	内蒙古	25885.0
9	山东	19184.0	山东	11215.0	山东	25869.0
10	福建	19099.0	内蒙古	11070.0	重庆	24000.0
11	重庆	17262.0	四川	9092.0	福建	23642.0
12	湖北	15762.0	湖北	8608.0	湖北	21854.0
13	黑龙江	15215.0	黑龙江	8594.0	陕西	21531.0
14	宁夏	15193.0	宁夏	8454.0	湖南	21227.0
15	陕西	14812.0	海南	8371.0	宁夏	21212.0
16	湖南	14384.0	青海	8007.0	广西	20518.0
17	四川	13755.0	湖南	7908.0	河南	20111.0
18	吉林	13663.0	吉林	7810.0	黑龙江	20068.0
19	青海	13534.0	山西	7692.0	云南	19569.0
20	河南	13078.0	重庆	7577.0	四川	19318.0
21	安徽	12944.0	陕西	7552.0	安徽	19259.0
22	广西	12944.0	河南	7439.0	青海	19252.0
23	海南	12915.0	江西	7429.0	新疆	19176.0
24	山西	12622.0	云南	7116.0	贵州	18804.0
25	新疆	12435.0	河北	7022.8	吉林	18549.0
26	云南	12235.0	安徽	6994.0	甘肃	17925.0
27	河北	12171.3	新疆	6859.0	河北	17588.7
28	江西	12000.0	广西	6644.0	山西	17189.0
29	贵州	11362.0	贵州	6620.0	江西	16914.0
30	甘肃	10678.0	甘肃	5661.0	海南	16823.0
31	西藏	7204.5	西藏	4497.8	西藏	15009.2

注：本表地区生产总值按当年价格计算。

资料来源：《中国统计年鉴》（2015）。

通过表 1-8 的数据排序可知，上海、北京、江苏、浙江、广东、辽宁、山东、湖北、宁夏、西藏，这 10 个省份分类排序比较一致；城乡排序差别较大的省份是：广西（相对居中的城镇排在第 16 位、相对落后的农村排在第 28 位）、重庆（相对富裕的城镇排在第 10 位、相对落后的农村排在第 20 位）、陕西（相对富裕的城镇排在第 13 位、相对落后的农村排在第 21 位）、四川（农村相对富裕排在第 11 位，城镇排在第 20 位，中间水平）、黑龙江（农村相对富裕排在第 13 位，城镇排在第 18 位，中间水平）、海南（农村相对居中排在第 15 位，城镇相对落后，排在第 30 位）、青海（农村相对富裕排在第 16 位，城镇排在第 22 位，中间水平）、山西（农村相对居中排在第 19 位，城镇相对落后，排在第 28 位）、吉林（农村相对居中排在第 18 位，城镇相对落后，排在第 25 位）、贵州、甘肃等省份也是城镇排名优于农村排名几位。这些差别有自然条件的限定原因，但也说明了城市和乡村发展的不均衡。

第三节　中国居民消费倾向及变动趋势

一　城乡居民收入增速与人均国内生产总值增速比较

收入是决定消费的最为核心的要素，对城乡居民收入的分析，是分析消费的基础。根据《中国统计年鉴》（2015）的数据，以 1978 年为基期的定基指数，测算几何平均数增长速度，结果分别为：人均国内生产总值为 23.5%、农村居民人均纯收入为 22.3%、城镇居民人均可支配收入为 22.1%，都是略低于人均国内生产总值增幅，情况正常。但是，图 1-8 显示，自 2000 年开始，人均国内生产总值增幅与人均收入增长幅度差距越来越大，所以收入水平有待提高。此外，图 1-8 反映出农村居民和城镇居民收入增长速度在 2000 年以后基本一致。

城乡居民人均国内生产总值和人均收入指数时间数列如表 1-9 所示。

二　中国居民消费倾向动态分析

居民可支配收入是指居民可用于最终消费支出和储蓄的总和，即

表1-9　　　　人均国内生产总值指数和人均收入指数时间数列

年份	城镇居民人均可支配收入指数（%）	农村居民人均纯收入指数（%）	人均国内生产总值指数（%）
1978	100.0	100.0	100.0
1980	127.0	139.0	113.0
1985	160.4	268.9	175.3
1990	198.1	311.2	238.1
1991	212.4	317.4	256.7
1992	232.9	336.2	289.7
1993	255.1	346.9	326.3
1994	276.8	364.3	364.9
1995	290.3	383.6	400.6
1996	301.6	418.1	435.8
1997	311.9	437.3	471.1
1998	329.9	456.1	503.3
1999	360.6	473.5	536.9
2000	383.7	483.4	577.6
2001	416.3	503.7	621.1
2002	472.1	527.9	673.0
2003	514.6	550.6	735.8
2004	554.2	588.0	805.2
2005	607.4	624.5	891.3
2006	670.7	670.7	998.8
2007	752.5	734.4	1134.7
2008	815.7	793.2	1237.5
2009	895.4	860.6	1345.1
2010	965.2	954.4	1480.9
2011	1046.3	1063.2	1613.6
2012	1146.7	1176.9	1730.2
2013	1227.0	1286.4	1854.0
2014	1310.5	1404.7	1978.7

注：指数1978年=100。

资料来源：《中国统计年鉴》（2015）。

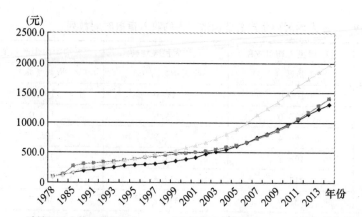

图1-8 城乡人均国内生产总值指数和人均收入指数趋势对比

资料来源:《中国统计年鉴》(2015)。

居民可用于自由支配的收入。既包括现金收入,也包括实物收入。按照收入的来源,可支配收入包含四项,分别为工资性收入、经营性净收入、财产性净收入和转移性净收入。①

居民消费支出是指居民用于满足家庭日常生活消费需要的全部支出,既包括现金消费支出,也包括实物消费支出。消费支出可划分为

---

① 工资性收入,是指就业人员通过各种途径得到的全部劳动报酬和各种福利,包括受雇于单位或个人、从事各种自由职业、兼职和零星劳动得到的全部劳动报酬和福利。

经营净收入,是指住户或住户成员从事生产经营活动所获得的净收入,是全部经营收入中扣除经营费用、生产性固定资产折旧和生产税之后得到的净收入。计算公式为:

经营净收入 = 经营收入 - 经营费用 - 生产性固定资产折旧 - 生产税

财产净收入,是指住户或住户成员将其所拥有的金融资产、住房等非金融资产和自然资源交由其他机构单位、住户或个人支配而获得的回报并扣除相关的费用之后得到的净收入。财产净收入包括利息净收入、红利收入、储蓄性保险净收益、转让承包土地经营权租金净收入、出租房屋净收入、出租其他资产净收入和自有住房折算净租金等。财产净收入不包括转让资产所有权的溢价所得。

转移净收入,其计算公式为:转移净收入 = 转移性收入 - 转移性支出

转移性收入,是指国家、单位、社会团体对住户的各种经常性转移支付和住户之间的经常性收入转移。包括养老金或退休金、社会救济和补助、政策性生产补贴、政策性生活补贴、救灾款、经常性捐赠和赔偿、报销医疗费、住户之间的赡养收入、本住户非常住成员寄回带回的收入等。转移性收入不包括住户之间的实物馈赠。

转移性支出,是指调查户对国家、单位、住户或个人的经常性或义务性转移支付。包括缴纳的税款、各项社会保障支出、赡养支出、经常性捐赠和赔偿支出以及其他经常转移支出等。参见《中国统计年鉴》(2015),指标解释。

食品烟酒、衣着、居住、生活用品及服务、交通通信、教育文化娱乐、医疗保健以及其他用品和服务八大类。

居民消费支出的决定要素是收入水平，用时间序列两大指标画出散点图，可以判断其线性关系明显，计算相关系数等于 0.999，高度线性相关。

按照《中国统计年鉴》的数据，对城镇居民和农村居民消费分别加以回归分析，城镇居民消费倾向为 0.66，农村居民消费倾向为 0.73，分别说明：城镇居民收入每增加 100 元，会增加消费 66 元，农村居民每当纯收入增加 100 元，会消费 73 元。农村消费倾向高于城镇，这可能是由于农村生活底子薄，有钱后需要买更多的消费品所致。

城镇和农村居民人均可支配收入与人均消费的具体变化情况见表 1-10 至表 1-15 和图 1-9 至图 1-10。

表 1-10　　　　城镇居民人均可支配收入与人均消费支出　　　　单位：元

指标	1990 年	1995 年	2000 年	2010 年	2011 年	2012 年
可支配收入	1510.2	4283.0	6280.0	19109.4	21809.8	24564.7
人均现金消费支出	1278.9	3537.6	4998.0	13471.5	15160.9	16674.3

资料来源：《中国统计年鉴》(2015)。

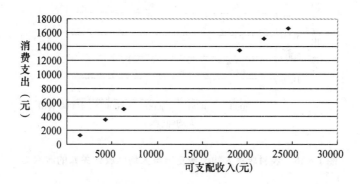

图 1-9　城镇居民人均现金消费支出与人均可支配收入关系的散点

表 1-11　　　可支配收入与人均现金消费支出相关系数统计分析

	可支配收入	人均现金消费支出（元）
可支配收入	1	
人均现金消费支出（元）	0.999412543	1

表1-12   可支配收入与人均现金消费支出回归分析输出数据

	相关系数	标准误差	t 统计量	P 值	下限 95%	上限 95%
Intercept	592.26	180.52	3.28	0.03	91.07	1093.45
可支配收入（元）	0.66	0.01	58.32	0.00	0.63	0.70

推算模型：$Y = 592.26 + 0.66X$

式中，Y 表示城镇居民人均现金消费支出水平；X 表示城镇居民人均可支配收入。

表1-13   农村居民人均纯收入与人均消费支出

项目	1990 年	1995 年	2000 年	2010 年	2011 年	2012 年
人均纯收入（元）	686.3	1577.7	2253.4	5919.0	6977.3	7916.6
人均消费支出（元）	584.6	1310.4	1670.1	4381.8	5221.1	5908.0

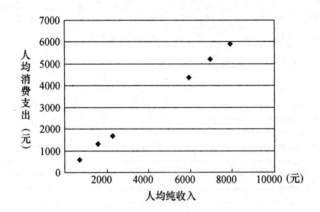

图1-10   农村居民人均消费支出与人均纯收入关系的散点图

表1-14   人均纯收入与人均消费支出相关系数统计分析

	人均纯收入（元）	人均消费支出（元）
人均纯收入（元）	1	
人均消费支出（元）	0.999768761	1

表1–15　　　　　　人均纯收入与人均消费支出回归分析输出数据

	相关系数	标准误差	t 统计量	P 值	下限 95%	上限 95%
Intercept	82.65	40.02	2.07	0.11	−28.46	193.77
人均纯收入（元）	0.73	0.01	92.98	0.00	0.71	0.76

推算模型：$Y = 82.65 + 0.73X$

式中，Y 表示农村居民人均消费支出水平；X 表示农村居民人均纯收入。

三　社会消费品零售状况

（一）社会消费品零售总额分析

社会消费品零售总额是指企业（单位、个体户）通过交易直接售给个人、社会集团非生产、非经营用的实物商品金额，以及提供餐饮服务所取得的收入金额。

通过社会消费品零售总额能看出一定时期内人民物质文化生活水平的提高情况，反映社会商品购买力的实现程度，以及零售市场的规模状况。

2016 年 1 月 20 日，商务部举行例行新闻发布会介绍，2015 年中国全年实现社会消费品零售总额 30.1 万亿元，同比增长 10.7%。消费对国民经济增长的贡献率达到 66.4%，充分发挥了经济增长"稳定器"的作用。[1]

表 1–16 显示，广东夺冠、山东紧随、江苏进入前三甲。2014 年，广东省社会消费品零售总额高达 28471.1 亿元，持续领跑在先。山东省凭借 25111.5 亿元占据第二，但增速超过广东 0.7%，江苏省则以 23458.1 亿元稳居第三，但增速超过广东 0.5%，广东省增速略低于全国平均增速，山东省和江苏省增速略高于全国的 12% 平均增速。全国大部分省份增幅都是基本与全国平均水平持平，为 12% 左右。

---

[1] 新浪财经：http://finance.sina.com.cn/china/2016-01-20/doc-ifxnqriy3216703.shtml。

表 1 - 16 社会消费品零售总额

排序	地区	2014 年社会消费品零售总额（亿元）	2014 年比 2013 年增长（%）
一	全国	271896.1	12.0
1	广东	28471.1	11.9
2	山东	25111.5	12.6
3	江苏	23458.1	12.4
4	浙江	17835.3	11.7
5	河南	14005.0	12.7
6	湖北	12449.3	12.8
7	四川	12393.0	12.7
8	辽宁	11857.0	12.1
9	河北	11820.5	12.4
10	湖南	10723.5	12.8
11	北京	9638.0	8.6
12	福建	9346.7	12.9
13	上海	9303.5	8.7
14	安徽	7957.0	13.0
15	黑龙江	7015.3	12.2
16	吉林	6080.9	12.1
17	陕西	5918.7	12.8
18	广西	5772.8	12.5
19	山西	5717.9	11.3
20	重庆	5710.7	13.0
21	内蒙古	5657.6	10.6
22	江西	5292.6	12.7
23	天津	4738.7	6.0
24	云南	4632.9	12.7
25	贵州	2936.9	12.9
26	甘肃	2668.3	12.6
27	新疆	2436.5	11.8
28	海南	1224.5	12.2
29	宁夏	737.2	10.3
30	青海	620.8	13.0
31	西藏	364.5	13.1

资料来源：《中国统计年鉴》（2015）。

增幅最快的四个省份基本上超过全国平均增幅1%，其中，西藏以最低消费品零售总额364.5亿元达到最快增长13.1%，其他增幅达到13%的三个省份分别为青海（620.8亿元）、重庆（5710.7亿元）和安徽（7957.0亿元），总量指标都是比较低的，增长却是比较快的，提升空间比较大。

增幅最慢的省份主要有天津（4738.7亿元）增长6.0%、北京（9638.0亿元）增长8.6%、上海（9303.5亿元）增长8.7%、宁夏（737.2亿元）增长10.3%、内蒙古（5657.6亿元）增长10.6%。可以看出，全国三大直辖市消费品零售总额增幅最慢，在全国垫底。在一定程度上说明城市消费水平已经很高，再想提高速度较难，同时，部分少数民族地区增幅较慢。

社会消费品零售总额与零售业发展息息相关，社会消费品的增速也成为零售企业的投资指南，以超市为例，四川2015年进驻的大型超市有永辉和沃尔玛，安徽同样也吸引了永辉、大润发和苏果的目光，湖北招揽来了永旺和沃尔玛，辽宁沈阳的大型超市分布密集，乐购、家乐福、大润发、沃尔玛、华润、中兴、宜家等入驻多年，这些超市的入驻，极大地刺激了当地居民的消费，这也成为安徽、湖北、四川等地社会消费品零售总额快速增长的原因之一。而增速较低的省份，零售企业的生存也相对困难，业绩出现大幅下滑，甚至纷纷闭店离场。由此看来，宏观经济对于零售企业影响较大，这也充分反映出零售业靠天吃饭的现象。

一直以来，传统零售业都把电商视为天敌，但是，实体零售把问题归结为电商确实有待商榷，毕竟电商在工业型城市渗透率低，但是，工业型城市的社会消费品零售总额增速缓慢，下滑比较明显。社会消费品零售总额进入低增速期，为企业转型提供了契机，电商增加了消费的渠道，未必剥夺了实体店生意，企业和实体零售店明确定位、提供优质服务，维护好自己的顾客群才是关键。

（二）电子商务交易额

电子商务交易平台是指为交易主体开展网上交易活动搭建的虚拟网络空间。根据平台运营企业参与平台上交易的情况可将电子商务交易平台分为三类，为企业自身开展网上交易活动搭建的平台为自营平台；只为其他交易主体网上交易提供服务的平台为第三方平台；同一个电子商务交易平台，同时作为自营和第三方平台使用的称为混营平台。

2014 年国家统计局对电子商务交易平台（简称电商平台）的电子商务交易活动开展了调查。[①] 统计结果显示，2014 年中国全社会电子商务交易额[②]达 16.39 万亿元，同比增长 59.4%。其中，在企业自建的电商平台（以下简称纯自营平台）上实现的交易额为 8.72 万亿元，同比增长 65.9%；在为其他企业或个人提供商品或服务交易的电商平台（以下简称纯第三方平台）上实现的交易额为 7.01 万亿元，同比增长 53.8%；在既有第三方又有自营的混营平台（以下简称混营平台）上实现的交易额为 0.66 万亿元，同比增长 41.1%。

1. 对单位的电子商务销售额增速加快

通过电商平台向企业（单位）销售的金额为 12.75 万亿元，同比增长 62.8%。其中，销售商品的金额为 12.25 万亿元；提供服务的金额为 0.50 万亿元。通过电商平台向消费者（个人）销售的金额为 3.64 万亿元，同比增长 48.6%。其中，销售商品的金额为 2.88 万亿元；提供服务的金额为 0.76 万亿元。

2. 自营平台的电子商务交易占比过半

自营平台的电子商务交易总额达 9.13 万亿元，占全部电商平台交易额的 55.7%。其中，纯自营平台实现的电子商务交易额为 8.72 万亿元；混营平台实现的自营电子商务交易额为 0.41 万亿元。

3. 第三方电子商务交易活动集中度高

第三方电子商务交易总额达 7.26 万亿元，占全部电商平台交易额的 44.3%。其中，纯第三方平台上实现的电子商务交易额为 7.01 万亿元；混营平台的第三方电子商务交易额为 0.25 万亿元。第三方平台电子商务交易活动集中度较高，淘宝、天猫、京东等排名前 20

---

① 调查范围：电子商务交易平台。包括自营平台、第三方平台和混营平台。
② 电子商务交易额：通过电子商务交易平台达成的交易金额，包括单位与单位之间、单位与个人之间和个人与个人之间的交易。全社会电子商务交易额为所有电子商务交易平台上的交易金额之和。

的第三方平台上共实现电子商务交易额 6.22 万亿元，约占全部第三方平台交易额的 90%，2014 年全社会电子商务交易额突破 16 万亿元。[①]

4. 网站页面优化适应手机消费

所有的零售电商都应该针对移动消费者的使用习惯来优化它们的网站资源，这一要点不言而喻。不过，全面优化并不仅仅是将网页调整到适应智能手机屏幕的显示。须谨记移动网站将不再是消费者搜索产品的场所——它们必须为进行交易而设计。那些能够高效处理大量交易的移动网站，将会比其他同行发展得更好。

随着电商平台的不断扩大深化，单一的渠道已经无法满足顾客多样化的需求。无论是电商企业还是传统零售企业都在积极地往对方领地拓展，努力实现全渠道经营。一方面，传统零售企业的服务经验和线下资源有助于在全渠道的竞争中获益；另一方面，传统零售企业尚缺乏在数据分析和快速应变等方面的经验。

（三）连锁经营已成为零售业的主要经营方式

1. 连锁经营商业模式快速扩张

连锁经营具有统一进货、统一配送、标准化、模式化等特点，可以通过管理和服务模式的复制实现快速扩张和规模化发展。根据国家统计局发布的《中国统计年鉴》（2015），2014 年中国连锁零售企业总店数量已达 2663 家，较 2005 年增加 88%，门店数 206415 个，较 2005 年增加 95%；其连锁零售企业销售额为 37340.60 亿元，年末从业人数 250.2 万人。随着规模优势的增加，大型连锁零售企业可以通过集中采购、统一配送等手段，进一步形成成本优势和价格优势，获取更高的经济效益。根据中国连锁经营协会的资料，2014 年中国特许经营连锁 120 强零售企业共经营店铺 124086 个，其中加盟店 97068 个，120 强企业平均拥有店铺 1034 个，比 2009 年增长 9.35%。

2. 消费多元化带来多业态经营比重上升

随着国内经济的发展和人民生活水平的提高，消费需求出现了多元化趋势，为顺应市场需求，零售业呈现出多业态并进的发展态势，

---

① 国家统计局网站，2015 年 8 月 17 日。

许多零售商同时经营包括百货店、超市、专业店、便利店在内的多种业态。自 2008 年零售百强企业中多业态企业首次超过单一业态企业以来，近几年入围百强的零售企业一直以多业态经营为主，数量占比维持在 60% 左右。2011 年零售百强企业中，单一业态经营的企业有 39家，比 2010 年减少 1 家（见图 1 - 11）；39 家单一业态经营企业销售额占百强企业销售总额的 38%，比 2010 年略微减少 1.3 个百分点。

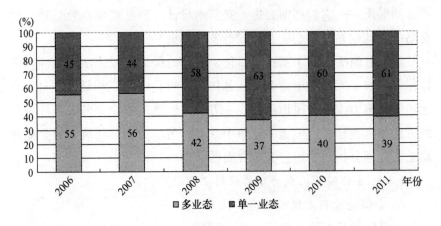

图 1 - 11　2006—2011 年零售百强企业中单一业态和多业态企业数量对比

资料来源：http：//www.chyxx.com/industry/201512/372552.html。

3. 线上线下加速融合

多渠道经营，线上线下快速融合，移动销售迅猛增长。近年来，网络零售对传统零售带来了较大的冲击，从最初的图书音像、电器、数码 3C，到服装鞋帽、日用百货，再到家居、食品，网络零售不断挤压实体零售的市场份额。

面对竞争压力，传统零售企业纷纷发力电商业务。传统零售企业利用自身在商品渠道、物流管理、营销管理等方面的优势，开展线上与线下相结合的多渠道经营探索。根据中国连锁经营协会数据，2014年，百强企业开展网络营销和多渠道建设的步伐进一步加快。在开展网络零售的 75 家百强企业中，超过半数的企业采用自建平台，而采用自建平台和入驻第三方平台相结合方式的企业与仅在第三方平台建店的企业数量基本相当。

开展网络零售的百强企业线上销售增幅较大，同比增长近 5 倍，但占企业销售的比例依然很低。从有数据的百强企业来看，31.4% 的企业网络销售不足 1000 万元，31.4% 的企业在 100 万—5000 万元，23.5% 的企业在 5000 万—3 亿元，3 亿元以上的企业占 13.7%。

移动交易的增长迅猛。移动销售占网上销售的比例迅速上升。为落实多渠道战略，一些企业还开通了门店自提业务，并在门店提供免费 WiFi 服务。根据中国连锁经营协会的样本门店数据，有 23% 的门店提供自提服务，40% 的门店提供免费 WiFi。

（四）移动设备上消费成为消费时尚

1. 移动设备终端消费潜力巨大

移动端在 2015 年受到广泛的重视和应用。移动设备将不只是移动消费数字化战略的一个组成部分——它将成为移动消费数字化战略的主要目标。现在，消费者几乎在各方面都首先使用移动设备，购物也不例外。

据《中国网络零售市场数据监测报告》显示，中国在 2014 年上半年，移动电子商务市场交易规模达到 2542 亿元，同比增长 378%，移动电子商务市场交易额占中国网络市场交易总额的比重已达到 25%。此外，全球智能手机的整体销售量已经超过了平板电脑，并且移动端的平均订单价值也接近桌面端的水平。这着实令人惊讶——因为它打破了平均订单价值与设备大小正相关的传统观念。

这些数据和现象意味着什么？移动端占据整体电子商务交易的一半以上，这只是时间的问题了。那些不能紧跟市场需求的零售商将会被抛在后面。然而，这并不是说，零售商将他们的网站进行简单的移动优化，就能让交易和金钱蜂拥而至。

2. 移动交易促进冲动性商品消费

Criteo[1] 的报告显示，奢侈品和旅游消费在移动交易上占据很高的

---

① Criteo 是在线效果类数字营销厂商，于 2005 年在法国巴黎成立，目前的核心业务是重定向广告（Retargeting）。Criteo 在全球范围内共有 17 家办事处，有 6 家位于欧洲，有 5 家位于北美，有 1 家在巴西，在亚太地区总共有 5 家办事处。Criteo 是在线效果类展示广告厂商于 2014 年 5 月 13 日宣布启动在中国的业务和运营的，并将北京设为中国区总部。

比例，而家居用品和保健品约占 15%，相对较为落后。在移动端，消费者对搜索和比较产品并不感兴趣，他们看重的是快速交易的过程。不同行业的营销者们都应该关注和优化移动资源，以突出那些无须计划和具有冲动性的商品。而那些消费者需要花费更多时间去考虑的高价商品，是无法像冲动性商品一样在移动端产生即刻销售效应的。

3. 交易流程简化

过多的程序容易削弱移动消费者的购买欲望。其实，他们往往对自己想要的东西已经有了清楚的了解。移动购物常常是即时或即兴发生的，消费者随时有可能被打断，这很可能导致一笔很有价值交易的流失。因此，零售商需要缩短从搜索到结账的整个购物流程，需要的点击步骤越少越好。营销人员可以尽量地把广告与结账页面直接链接起来。移动广告应该具备个性化展示，并且可以直接进入销售页面，这对减少进入最终付款页面的点击次数也大有帮助。

4. 移动带来难得的机遇

排名在前 1/4 的零售商带动了近 40% 的移动电子商务销售，而靠后的 1/4 是 25% 左右。顶级零售商的成功，很大程度上是因为他们提供的移动购物体验为促进销售而进行了特别设计。消费者的购物习惯已经改变，对于各种品牌来说，抓住移动电子商务机遇的需求也是前所未有的强烈和迫切。未来三五年，最大的赢家将是那些能够最有效地抓住并转化移动消费者的商家。

第四节　中国居民消费与西方国家居民消费比较分析

最终消费率的高低是衡量一国生活消费或最终消费合理与否的主要标志。与国际水平相比，中国最终消费率长期偏低并持续走低。这一状况严重阻碍了中国经济增长方式的转变，削弱了消费对国民经济可持续发展的重要支撑作用。特别是在 2008 年以来世界经济衰退加剧的大背景下，中国外贸出口锐减，扩大内需、刺激消费已成为当前保持经济稳定增长的关键所在。

一　世界各国最终消费率变动趋势与特征

由于世界各国经济发展水平、经济总量与结构、发展环境等方面的差异，其最终消费率水平高低不一。但各个国家在最终消费总量、消费结构以及最终消费率的变动上又有一些共同的趋势和特征，主要表现在：

（一）世界各国最终消费率总体上稳中趋高

据世界银行《世界发展指标数据库》的统计数据显示，20世纪70年代以来，不同收入国家的最终消费率大都保持在75%—80%的水平。世界平均最终消费率基本在75%—79%的范围内小幅波动，不同收入国家平均最终消费率也都保持73%—80%的水平，低收入国家最终消费率更是基本维持了80%的高水平。

（二）最终消费增长同步或略高于国内生产总值增长

世界银行世界发展指标数据显示，1991—2007年世界年均消费增长率为4.3%，而年均国内生产总值增长率为3.7%，反映出消费增长高于经济增长的趋势。

2005—2014年，世界上部分国家国内生产总值及其增长情况如表1－17所示。

表1－17　2005—2014年世界上部分国家国内生产总值及其增长率

国家或地区	2014年国内生产总值（亿美元）	国内生产总值增长率（%）				
		2005年	2010年	2012年	2013年	2014年
世界	778688	3.6	4.1	2.2	2.4	2.5
中国	103601	11.4	10.6	7.8	7.7	7.4
日本	46015	1.3	4.7	1.8	1.6	-0.1
美国	174190	3.4	2.5	2.3	2.2	2.4

资料来源：《中国统计年鉴》（2015）。

二　中国最终消费率长期偏低

（一）中国最终消费率偏低并持续走低

将中国最终消费率与世界各国最终消费率进行比较，可以发现中国最终消费率处于世界较低水平，明显偏离了世界最终消费率变化的一般趋势。1977—2007 年，世界平均最终消费率保持了较高且稳定的发展态势，而中国明显偏低。如果将这个阶段划分成四个时间段，可分别得到世界、不同收入国家及中国在这四个阶段中年均值的变化情况（见表 1 – 18）。

表 1 – 18　　　世界平均及不同收入水平国家年均最终消费率　　　单位：%

阶段	世界平均	高收入国家	中等收入国家	中低收入国家	低收入国家	中国
1977—1983 年	75.9	76.0	74.1	75.1	80.5	65.4
1984—1990 年	76.3	76.7	73.3	74.4	80.1	63.5
1991—1997 年	76.9	77.6	73.7	74.5	79.0	57.9
1998—2007 年	78.2	78.6	74.9	74.9	79.9	56.9

资料来源：根据世界银行世界发展指标数据库最终消费率数据整理。转引自江林、马椿荣、康俊《中国与世界各国最终消费率的比较分析》，《消费经济》2009 年第 1 期。

（二）最终消费增长速度明显慢于经济增长速度

改革开放以来，中国国内生产总值保持了持续快速增长的势头，而中国最终消费支出总额虽然也在增长，但其增速明显慢于经济增长速度，并且两者增速之差有逐年扩大趋势。根据中国统计年鉴相关数据，除少数年份最终消费率增长略高或基本与国内生产总值增长持平外，大多数年份中最终消费率增长明显低于国内生产总值增长。导致中国最终消费占国内生产总值的比重即最终消费率偏低并持续走低。

三　来自西方国家居民消费的启示

中国最终消费率严重偏低并持续走低，为此，有必要深入分析中国最终消费率的变动状况及特征，并与世界各国最终消费率的变动趋势进行比较，以便准确把握中国与世界消费水平的差距所在，并在借鉴国际经验的基础上寻求提升最终消费率的有效路径。

就中国目前情况看，政府鼓励消费的政策导向应重点放在推动消费结构升级、扩展居民消费新领域方面。具体包括引导居民从偏重基础生活消费转向重视各种新兴产品和服务消费；从偏重简单商品消费转向复杂商品和服务的消费；从以生存型为主的消费转向以发展型为主的消费；从片面强调节俭型消费转向适度享受型消费。另外，媒体也应通过倡导新的消费理念、宣传现代消费生活方式、引领消费时尚潮流等，引导各阶层居民的消费需求不断升级。

通过发展消费信贷促进居民消费需求的扩大。发达国家的实践证明，大力发展消费信贷是促进居民加快实现其消费意愿的有效杠杆，在迅速增加社会消费方面具有特殊作用。从 20 世纪 50 年代至今，美国消费信贷一直呈现高速增长势头，信贷消费已经成为美国居民一种重要的消费方式，其原因在于美国消费信贷品种丰富，包括用于购买耐用品的贷款、旅游、房屋抵押、学生贷款等，较好地满足了美国社会各阶层居民对消费信贷的需求。欧洲国家居民消费信贷也得到迅速发展，如英国 1993—1999 年的人均消费信贷年增长率达到 13.8%，相应地，其居民消费需求也有较大增长。

鉴于中国消费信贷市场仍处于初级阶段，发展不够充分的现状，发展消费信贷可以成为中国扩大居民消费需求的有效途径之一。大力推动消费信贷发展，需要政府、金融机构和工商企业等各方面的共同努力，包括加快社会信用体系建设、建立和完善个人征信制度、积极进行消费信贷产品创新、完善信用卡的使用环境、努力开展消费信贷营销、鼓励和刺激居民进行信贷消费等。

第二章 经济新常态阶段中国扩大消费需求的经济学意义

随着中国经济迈进"新常态"阶段，作为拉动经济增长"三驾马车"之一的消费无疑是"十三五"时期中国经济增长与发展的最稳定动力。消费可以促进经济增长和拉动就业，带动人民生活水平和生活质量的提高，加快城镇化的进程，推动中国经济发展方式的转变与产业结构的优化与升级。总之，扩大消费需求对于中国经济和社会发展具有非常重要的作用。

第一节 "新常态"下中国经济发展的动力机制

一 "新常态"的时段标志与经济特征

2014年5月，习近平总书记在河南考察时说："中国发展仍处于重要战略机遇期，要增强信心，从当前中国经济发展的阶段性特征出发，适应新常态，保持战略上的平常心态。"这是中央领导人首次以新常态描述新周期中的中国经济。从字面意义上看，"新常态"涵盖了两方面含义：一是"新"，即增长动力、需求特征、供给条件、风险状况、竞争环境以及政府与市场的关系等，都发生了不同以往的深刻变化；二是"常"，即当前的新特征不是短暂的，而是具有阶段性特点，即将在未来的很长一段时间内持续存在。然而，结合中国经济发展现状以及世界各国的发展历史来看，中国经济呈现的新常态绝非字面意义上那样简单，而是具有更加丰富的内容，其主要经济特征表现为以下五个方面。①

（一）在速度方面，经济新常态意味着中国将面临新的发展阶段，即从高速增长转为中高速增长，经济增速趋于放缓

改革开放以来，中国经济发展在出口与投资的大力推动下一直维持着高速或超高速的增长，平均增长速度达到了9.3%，截至2015年，中国在世界范围内的经济排名不断实现超越，并跃居成为世界第二大经济体，中国在国际舞台上的经济地位不断受到重视。但是超高速的经济增长并不能掩饰中国经济发展中的一系列问题。《人民日报》曾发表《经济运行呈现新特征》一文指出："进入新常态，增长速度换挡期、结构调整阵痛期、前期刺激政策消化期'三期'叠加，各种矛盾和问题相互交织。"② 表明中国未来经济预计进入发展换挡期，将出现常态化的中高速发展阶段。随着中国人口红利消耗殆尽及经济转型进入刘易斯转折阶段，经济增长速度放缓将是中国经济发展的一个常态化的趋势。新阶段下，中国经济将保持5%—7%的中高速增长，将从单纯追求"量"的变化中解脱出来，转而注重"质"的发展与提高，从而实现经济的高效持续增长。

（二）在结构方面，中国经济发展将迎来新的内容，即结构的转型

调整和优化结构是经济发展永恒的主题，新时期下的中国经济在经历了规模增长之后转而会更加注重产业结构调整与城乡结构转型。在产业结构调整方面，一直以来，中国第二产业对国内生产总值的拉动作用最强，经济增长与发展主要依靠第二产业的贡献。近年来，以服务业为代表的第三产业比重逐年增加。2013年第三产业增加值为46.9%，首次超过第二产业的43.7%，成为拉动经济增长的第一动力，2014年中国第三产业增加值增长8.1%，快于第二产业的7.3%，也快于第一产业的4.1%，服务业的比重提高到48.2%，继续超过工业比重。这意味着中国经济开始由工业主导向服务业主导转变。在城

---

① 李稻葵：《中国经济的四种"新常态"》，《北京日报》2014年9月29日第18版。
② 《人民日报系列评论新常态：经济运行呈现新特征》，《人民日报》（中国经济周刊）2014年12月2日，http://special.ceweekly.cn/2014/1202/97872.shtml，2016年3月1日访问。

乡结构转型方面，中国的城乡二元经济使城乡存在明显的收入差距。城市以大工业生产为主，生产方式先进，经济发展迅速；而乡村则以分散的小农经营为主，生产方式落后，经济发展受到制约；城市各项基础设施比较完善，而农村的基础设施则处于相对滞后状态。新时期下，尤其是伴随着中国二元经济转型刘易斯转折点的到来，中国将进入转型攻坚期，必须加快城乡一体化建设，尤其是要改变农村落后的生产方式与经济发展面貌，通过公平的市场交易促进城乡生产要素的流通与转换，并通过基础设施建设促进公共资源的均衡配置，从而实现工业对农业的"反哺"，使农村居民享受城市的经济发展成果，缩小城乡收入差距，提升社会和谐度，统筹城乡发展。

（三）在动力方面，中国经济要依靠新的发展动力，从要素与投资驱动向创新与内需驱动转变

过去中国经济的增长主要由投资拉动，虽然曾经创造了中国经济高速发展的"奇迹"，但是也带来了单纯追求国内生产总值而产生的重复建设问题，并由此引发产能过剩所带来的社会资源浪费。新时期下，中国经济发展的动力将由投资拉动转为创新和内需的双重拉动，那种主要依靠原材料与人工的低成本来维持不可持续性经济增长的历史将会改变，通过加大创新力度，引入新鲜元素，提升科学技术水平，全面开展制度创新、科技创新、管理创新，来提高全要素生产率和生产效率，才能更好地满足社会需求。同时，中国又是一个人口大国，市场需求旺盛，庞大的内需是中国经济稳固的增长点。这就要求中国在新时期下必须要以创新与内需为驱动力，拉动经济健康持续地增长。

（四）在发展战略方面，中国将实行新的发展战略，即在国际化背景下，制定开放型区域发展战略

一直以来，中国区域发展战略主要是在国内依据区域发展特点制定不同战略标准，逐步形成了以东部沿海地区率先发展、西部大开发、东北振兴和中部崛起四大板块战略为主要阵图的区域发展总体战略，适应了中国区域发展不均衡的特点。这种非均衡的区域发展战略极大地促进了中国经济的增长，但是，这种偏向单一元素的国内区域建设，割裂了东中西部的经济联系而单纯地强调某一个区域的发展，

必然会带来一些弊端，导致了东西部收入分配差距不断拉大等一系列问题。新时期下，中国的区域发展战略将把更多的注意力放在国际舞台。现在已经提出的丝绸之路经济带建设、21世纪海上丝绸之路、中巴经济走廊以及中韩自贸区建设等都是经济新常态阶段中国实行开放型区域发展战略的真实写照。在经济全球化盛行的今天，开展国际合作不仅能加大中国的对外开放力度，提高中国的国际经济参与度，而且还能够顺应全球经济一体化的大趋势，获得更好的发展空间与国际环境。

（五）在发展模式方面，中国将更加注重经济发展的生态化

从推进"多、快、好、省"的经济建设到"又好又快"地推进经济建设，经济建设更多地开始关注质量而非一味地追求速度。其中，生态环境质量作为影响居民生活幸福指数的特殊因素吸引了越来越多的注意力，高能耗、高污染的产业将成为改革的重点。新时期下，中国经济发展模式将以绿色国内生产总值为导向逐步实现经济生态化发展。改变原有的生产方式和消费方式，挖掘一切可以利用的资源潜力，发展经济发达、生态高效的产业；在城镇化过程中，实行城乡统筹的环境污染预防工作，不应将高污染产业从城区转移到城市周边地区，而应将环境因素纳入企业综合竞争力考察制度，建设制度健全、体制合理、社会和谐的生态经济。在发展经济的同时，不以破坏环境为代价，发展人与自然和谐相处、景观适宜的生态环境。

从上述关于新常态阶段中国经济新特征的描述可以看出，新常态虽在年度中央经济工作会议中被系统阐述，但其并非仅仅是对中国经济的年度性判断，而是将会贯穿中国"十三五"规划乃至更长时期。根据新常态特征，把握好中国经济发展所处的新阶段，是做好今后各项经济工作的基本前提，对于扩大中国消费需求问题更是如此。

二　"新常态"下中国经济增长的动力机制

"新常态"下经济发展在动力方面的主要特征是经济增长动力从投资过渡到消费，从粗放型增长转型为创新型增长。这些变化将促使经济增长动力更加稳健，周期性波动的幅度日渐缩小。

以前，中国经济增长动力主要来自粗放型投资所带来的规模扩

张，通过资源大规模投入、产能扩张以及处于产业链低端的对外贸易产品生产来推进经济快速发展。到了目前阶段，我们已经面临严重的产能过剩，对外贸易生产的低附加值对经济的贡献作用越来越狭窄，再搞规模扩张其增长空间已经越来越小。日本和韩国在高速增长进入中低速增长拐点以后，很多产业产能也几乎接近极限。中国未来的增长动力必须转移到创新与内需上来，而其动力机制则必须依靠技术进步、产业结构升级、城镇化进程、经济发展方式转变以及社会总需求结构优化等，实现在更高层次上释放经济效率，走科学发展的道路。①

首先，就技术进步而言，根据新增长理论，一国经济增长的关键就在于技术进步，它指的是，给定实物资本量和人力资本量，将二者结合起来所得产出比技术没有改进之前要多。② 这不仅包括新生产工艺、中间投入品以及制造技能等方面的革新和改进，还包括科技创新与制度创新。根据发达国家的历史发展经验以及中国目前经济运行中所存在的矛盾与冲突，要想在一个多维空间中挖掘经济增长的潜力，就必须依靠技术进步，因为技术会改变生产要素结合的方式，技术进步的变化可以影响全要素生产率进而影响经济增长过程。新时期下，中国经济增长面临资源约束，单纯地依靠投入来获得较高产出的模式将成为经济进一步增长的桎梏，为此，推动技术的进步将成为新常态阶段中国经济继续增长的不竭动力。技术进步了，意味着投入有限的资源能够获得更多的产出，生产率与生产效率就提高了。也就是说，单位要素投入的产出增加了。在此基础上，企业可以实现接近高速增长时期的盈利水平，政府财政收入照样可以持续增长，民生照样可以得到改善，资源环境也更可持续。

其次，新常态阶段中国经济的增长必须依靠工业与服务业作为产业主导，不断推进产业结构的优化与升级。从发展经济学上来看，经

---

① 沈坤荣、付文林、李子联：《中国经济增长的动力机制与发展方式转变》，《江苏行政学院学报》2011 年第 1 期。

② ［美］戴维·N. 韦尔：《经济增长》，金志农等译，中国人民大学出版社 2007 年版，第 186 页。

济增长的过程同时也是具有比较劳动生产率优势的工业部门和服务业部门迅速发展并在经济总量中的份额不断上升的结构转变过程。这一转变过程之所以能够推动经济增长是因为工业和服务业拥有较强的承载能力：

第一，工业和服务业的发展能够吸纳大量剩余劳动力，使劳动力实现从农业向工业和服务业的转移，使丰富的劳动力资源得到有效利用。这是因为，一方面，较高的人口出生率特别是农村人口出生率使大量新生的劳动力相对于有限的农业资源而言出现严重过剩，农业劳动生产率容易出现边际递减效应。另一方面，根据恩格尔定律，随着农业和非农业部门劳动生产率的普遍提高，人们的收入水平上涨，从而导致人们在工业品以及各种服务上的消费越来越多，这意味着工业和服务业的发展所需要的劳动力数量会不断增多，并且其劳动生产率主要处于边际递增阶段。

第二，工业和服务业的发展能够实现土地资源的优化配置，使土地资源得到更为有效的利用。农业部门对于土地质量有较高的要求，只有在肥沃且平坦的耕地上才能够获得相对较高的产出，这就决定了农业对土地的利用效率会受到特定土地类型的影响。与农业不同，工业和服务业对土地质量的要求较低，只要选址正确，即使是在贫瘠的土地上工业与服务业依然能够获得产出的增加，并且它们往往能够以相对较少的土地投入实现更大的产出，因此，工业和服务业的发展能够弥补农业部门在土地利用上的低效率，使土地资源得到更为优化的配置。

第三，工业和服务业的发展可以较大地促进技术创新，使全要素生产率得到有效提高。农业部门内的产业主要是劳动密集型的，对于劳动者的知识与技能水平要求不高，而工业和服务业内部不仅包括劳动密集型产业，还包括资金与技术密集型产业，这种产业特征决定了其从业人员所从事的主要是复杂劳动，要求劳动者具有更丰富的知识、更先进的技术和更完善的信息，这便导致以知识、技术以及信息为基础的自主创新活动更能够在工业与服务业部门得以实现，从而有效地提高全要素生产率，实现经济的快速增长。

　　必须指出的是，在经济新常态阶段，虽然工业与服务业作为经济增长主导力量的格局在中国已经基本实现，但要实现下一步的经济持续增长，还需要继续推动产业结构的优化升级，不仅要使整个产业结构中由第一产业占优势比重逐步向第二、第三产业占优势比重演进，还要使整个产业结构中由劳动密集型产业占优势比重向资金、技术、知识密集型产业占优势比重演进；由制造初级产品的产业占优势比重向制造中间产品、最终产品产业占优势比重演进。[①] 在经济起飞阶段，为了应对国际竞争压力，中国选择劳动与资源密集型产业以及初级产品出口制造业是有利可图的，这必然导致第三产业比重较低，然而，这种产业格局却具有不可持续性，它在经济发展一段时间以后会带来一系列弊端，经济增长格局必须由第二产业主导逐步向第三产业主导转变。原因在于：第一，过高的第二产业份额使工业作为主导产业对经济增长的驱动作用呈现递减效应。目前，按三次产业划分，中国经济总量中第二产业所占份额不但远远高于低收入国家，也高于高收入国家。根据经济发展的一般规律，第二产业占比随着经济发展应该呈现出一个倒"U"形变动趋势，从而使三大产业协调起来共同推动经济总量的提高。而中国过高的第二产业份额无疑将使工业作为主导产业推动总量增长的前景日益暗淡。第二，畸形的产业结构背后起着决定性、支配性作用的实际上是各级政府工业偏倚的政策偏好。中国历史上的重工业优先发展战略至今仍有延续性影响，如此的政策偏好势

---

　　① 根据马克思社会资本再生产理论所揭示的社会化大生产的客观必然性，国民经济各产业部门都要保持一定的比例关系，这是产业结构变动的普遍规律之一。它主要包括三方面的内容：（1）产业结构合理化，即在现有技术基础上所实现的产业之间的协调。涉及产业间各种关系的协调，如各产业间在生产规模上比例关系的协调、产业间关联程度的提高等，还包括产值结构的协调、技术结构的协调、资产结构的协调和中间要素结构的协调。（2）产业结构高度化，即产业结构根据经济发展的历史和逻辑序列从低级水平向高级水平的发展。包括在整个产业结构中由第一产业占优势比重向第二、第三产业占优势比重演进；由劳动密集型产业占优势比重向资金密集型产业、技术知识密集型产业占优势比重演进；由制造初级产品的产业占优势比重向制造中间产品、最终产品的产业占优势比重演进。（3）产业结构合理化和高度化的统一。产业结构合理化是产业结构高度化的基础；产业结构高度化是产业结构合理化的必然结果。推进产业结构优化升级是中国经济社会发展进程中的一项长期任务。参见蒋昭侠《产业结构问题研究》，中国经济出版社 2005 年版，第 16 页。

必造成工业对服务业的"挤出效应"，进而使服务业无法真正成为经济主导产业，发挥对于经济增长的重要作用。第三，服务业发展的滞后将会阻碍城市化进程的加快。一般而言，相对于乡村地区来说，城镇具有更加旺盛的服务业需求，同时，服务业的供给也会在很大程度上促进新兴城镇的落成与建设。因此，服务业发展滞后势必会影响城市化速度，使其对经济增长的贡献下降，并有可能导致城市化进程的不可持续。

最后，新常态阶段中国经济增长还需要通过加快城镇化进程来实现。中国的城镇化过程是伴随着工业与服务业的发展而不断向前推进的，它能够为中国经济的持续高速增长提供有效的空间载体，主要因为：第一，中国二元经济转型的过程中，农村土地上的劳动力已经饱和，并且存在大量边际生产率为零甚至为负数的剩余劳动者，这部分人要实现非农化转移就必须要借助城市这一空间载体，通过城市化过程充分发挥劳动要素在经济增长中的关键性作用；第二，城市的极化效应使各种生产要素，特别是物质资本、人力资本与技术向城市集中，从而为工业与服务业提供坚实的物质与文化基础，加速二者的协同发展；第三，城市化为工业和服务业发展提供了巨大的市场空间，城市规模扩大和城市人口的增加会刺激基础工业品、消费工业品和生产服务业、消费服务业的扩张。因此，不断加快城市化或城镇化进程是"新常态"下中国经济增长的又一动力机制。

此外，促进中国经济增长的动力机制还包括社会总需求结构的不断优化。从总需求角度而言，拉动经济增长的力量主要包括消费、投资、政府购买与净出口需求共四大方面。中国经济增长曾经过于依赖外需和投资的拉动，经济增长受外生冲击的影响较大，1998 年的亚洲金融危机和 2008 年的全球金融危机都导致了中国出口市场的急剧萎缩，对外贸易的下降及其在国内经济运行的传导效应都在不同程度上加剧了中国经济增长的下行风险，也给宏观经济政策制定、劳动就业等问题的解决造成了巨大压力。根据现代经济增长理论，资本的过度积累不仅会带来经济的动态无效率，而且从长期角度来看也必然会面临难以为继的危险。因此，如果不能有效地改善社会总需求结构，中国正在进行的工业化和城市化进程将有可能走向停滞。同时，由于中国对外贸易规模的不断扩大，国际市场的竞争强度必将日益加大，出口拉动经济增长的难度也将不断增强，随着经济总量的进一步扩大，社会总需求结构矛盾对经济增长会产生越来越大的负面影响。因此，必须从优化社会总需求结构入手进行机制改革，不断扩大内需在经济增长中所占份额，将中国生产与投资的方向更多地转向国内市场。

第二节　扩大消费需求是中国转变经济发展方式的必然选择

一　消费发展方式是经济发展方式的主要内容之一

社会各界对经济发展方式的认识经历了一个由量到质的转变过程，在经济发展早期阶段，经济增长主要注重的是量上的提高，那时的经济发展方式实质上讲的是经济增长方式，也就是说，国内生产总值或规模上的增长，对经济发展质量方面的提高与经济结构的优化则不够重视。当经济发展初具规模，经济总量迈上一个较高的台阶后，经济发展方式的内容也随之发生了改变，此时，质量提高与结构优化逐步进入发展方式转变的视野里。如今，中国经历了经济高速增长的繁荣期后，我们所讲的经济发展方式则不仅包括经济数量的增长，即生产与消费方式中产品与服务数量的增加，还包括质量提升与结构优化，是三者的内在统一。经济发展方式的转变就是要寻求数量、质量与结构三者的最佳结合方式，实现传统发展方式向现代科学发展方式的转变，从而促进经济的可持续发展。

从经济社会循环往复、不断发展的角度来讲，经济是生产、分配、交换与消费四个环节的统一。其中，生产是起点、条件与手段，消费则是终点与目的，同时又是再生产的起点，而分配与交换则是生产与消费得以实现的媒介，是起着桥梁作用的中间环节。因此，经济是在分配与交换环节的辅助作用下所进行的生产与消费活动的统一。

相应地，经济发展方式则是生产发展方式与消费发展方式的统一。从实践角度来讲，大国经济发展在现代化的关键阶段主要是通过国内消费需求拉动的。在作为现代化先行国家的美国，经济依靠出口的情形进入 19 世纪便宣告结束，居民消费和国内市场总体规模的扩大互相推进，从根本上支撑了美国的现代化发展历程；在后发的现代化国家中，日本经济也是由消费拉动的，正是两次成功的消费革命使日本实现了重化工业的高速发展和产业结构的升级；在发展中大国特别是二元结构明显的劳动力过剩国家，在经济发展的加速阶段也需要依靠国内市场与消费的力量。因此，理论与实践两方面都表明消费在宏观经济活动中占据重要地位，消费发展方式是经济发展方式的主要内容之一，我们需要从人的需求角度出发剖析经济发展方式的转变，从人口、资源和环境内在统一的角度来解释经济发展方式。

消费发展方式是经济发展方式的主要内容之一，加快转变经济发展方式首先要加快转变消费发展方式，这是因为，从理论上说，消费是生产的最终目的，正如马克思所言："没有消费，也就没有生产，因为如果没有消费，生产就没有目的。"[①] 生产发展最终是为消费发展服务的。转变消费发展方式是目的意义上的，而转变生产发展方式是手段意义上的，不转变目的而只转变手段势必会带来发展方式的扭曲，离开转变目的来谈经济发展方式的转变是没有任何价值的。因此，加快转变消费发展方式是加快转变生产发展方式和经济发展方式的先导和决定性因素。不加快转变消费发展方式，生产发展方式最终也转变不了，加快转变经济发展方式就会成为一句空话。从实践来说，中国过去的卖方经济中，供给决定并引导需求，这是可能的，因为有效供给不足，消费者能够选择的机会较少，企业在生产经营中主要关注供应方面，此时，生产发展方式决定着消费发展方式并最终决定着经济发展方式。然而，随着经济增长向前迈进，如今的中国经济社会逐步演变为买方经济，需求开始决定并引导供给，有效需求不足的这种需求导向型经济使企业经营战略更多地关注需求。需求有消费

---

①　《马克思恩格斯选集》第 2 卷，人民出版社 1995 年版，第 9 页。

需求、投资需求和出口需求，而需求导向型经济归根结底是消费需求导向型经济，消费者的消费需求是消费导向型供应链的驱动力。因此，离开了消费发展方式转变的导向性，生产发展方式的转变就缺乏方向性。

二　中国转变经济发展方式的必要性和紧迫性

转变经济发展方式就是要打破过去传统的生产与消费发展方式，使其向科学而持续的生产与消费发展方式转变。原因在于传统的经济发展方式不仅不能继续促进经济增长，反而成为经济进一步发展的桎梏。从中国目前的发展现状来看，转变经济发展方式并首先转变消费发展方式具有极大的必要性与紧迫性。

首先，中国传统的"出口导向型"经济发展方式使中国经济增长面临不可持续之路。随着"冷战"的结束，不同国家之间由于比较要素禀赋的差异而彼此展开了贸易往来，在国际大融合的市场氛围下，中国于 1978 年实行改革开放政策，并在 1998 年实行出口退税政策，2001 年加入世界贸易组织后进一步降低关税等出口壁垒，这一系列政策使中国国内生产总值增长依靠外需拉动的格局不断形成。2008 年，中国出口占国内生产总值比重达到 35%，经济发展方式明显成为"出口导向型"。这种经济发展模式在国际市场需求旺盛时虽然可以促进国内生产总值增长，但却会带来国际贸易摩擦以及物价水平上涨压力，而在外需萎缩时则会使经济下滑、企业破产倒闭、人民就业与生存压力加大。近年来，在国际金融危机影响下，"出口导向型"经济发展方式所带来的经济下行风险不断显现出来。2009—2012 年，大量企业破产倒闭，农民工被迫提前返乡，城镇化进程受阻，失业率快速攀升，这表明，改变这种"高度依赖国际市场"的经济发展方式势在必行。

其次，中国传统的"重经济增长而轻资源环境"的经济发展方式使经济发展难以为继。在过去的很长一段时间内，中国走出了一条单纯追求国内生产总值增长，以大量耗费物质资源（其中包括大量不可再生资源）与牺牲生态环境为代价的发展道路，事实证明，这条道路已经走到尽头了。这不仅为可持续发展理论、生态经济理论、知识经济理论等理论所证明，也为人口爆炸、资源枯竭、生态退化等大量的基本经验性事实所证实。随着经济的发展，资源越来越紧缺、环境越来越恶化、生态越来越脆弱。对此，胡锦涛指出："这些年，我们在加速发展中拼资源、拼环境，这样的发展注定是不可持续的。"① 它催生了替代和提升传统的农业经济和工业经济的知识经济的产生和发展，催生了替代和提升传统物欲型消费的服务消费特别是知识消费的发展。尤其是在 2008 年全球金融危机以及 2011 年欧债危机之后，各国纷纷提出要用绿色国内生产总值对经济增长进行核算，不断在生产中引入新材料和新能源，努力做到节能减排，发展低碳生产和低碳消费，并且把发展文化创意产业等知识生产和知识消费作为新一轮生产发展方式和消费发展方式转换的重点，这表明，加快转变"破坏环境的物耗型"经济发展方式不仅是新时期中国经济增长的必然选择，而且是当前国际经济与发展的世界性潮流。

　　最后，在传统经济发展方式的作用下，中国目前的生产与消费领域呈现出诸多不利于经济增长的因素，使转变经济发展方式问题更加具有必要性与紧迫感。国内经济发展现状中，一方面，供给侧的生产存在后劲不足，主要表现为内生动力不够，企业生产缺乏自主创新能力；以往经济发展所造成的资源环境代价以及生态环境问题对于产量继续增加构成阻碍；经济社会面临城乡、区域发展的不平衡；农业稳定发展和农民持续增收难度系数大。另一方面，需求侧的消费带动不够，主要表现为劳动就业、社会保障、收入分配、医疗、教育、住房、安全生产、司法和社会治安等民生问题普遍存在，影响着人们的衣、食、住、用、行等消费需求，从而导致消费层次难以提高，生产的最终目的不能很好实现。这两者都是传统生产发展方式和消费发展方式的必然产物。然而，在现实生活中，政府有关部门、企业和有些居民对加快转变生产与消费发展方式还不够重视，全社会还没有形成对消费需求导向作用的清晰认识。现阶段，中国经济已经从投资与出口驱动型的卖方经济转变为内需与创新驱动型的买方经济，所以，加快转变经济发展方式尤其是加快转变消费发展方式具有特别的重要性

---

　　① 胡磊：《中国传统经济发展方式的弊端》，《党政干部学刊》2010 年第 9 期。

和紧迫性。

三 中国扩大消费需求对转变经济发展方式的政策导向作用

改革开放以来，中国宏观经济运行开始逐渐摆脱"短缺经济"格局，居民消费水平与消费结构得以不断提升，但是，进入20世纪90年代后期，在亚洲金融风暴、国际金融危机、欧洲债务危机等国际格局震荡的冲击下，中国经济运行出现了内需不足所导致的经济发展受阻问题，抑制型消费状态或者说是消费需求的不足阻碍了经济的进一步增长。有鉴于此，2011年中央经济工作会议明确指出，要将扩大内需特别是扩大消费内需看作是加快转变经济发展方式的基本要求和首要任务，在2012年和今后一段时期内的经济工作中，要牢牢把握扩大内需这一战略基点，将扩大内需从一个方针政策提升到战略基点的重要地位上。

扩大消费需求将会有力地推动经济发展方式的转变。从理论和实证相结合的角度分析也确实如此。

首先，消费需求的扩大可以导致经济发展动力机制的转变。在内需不足的条件下，拉动经济发展的动能不足，一个国家要保持较高的增长速度就不得不主要依赖投资和外需的拉动。而当消费需求扩张带来内需增长时，一国经济发展的动力便具有了由外需拉动向内需拉动转变的基础。根据马克思的社会再生产理论，生产是起点与手段，消费是终点与目的。生产决定着消费，消费反作用于生产，消费从一定意义上说对经济增长具有原动力与决定性的作用。消费需求的扩大除了能够直接促进经济向深度与广度的发展，还能间接地通过拉动投资需求而促进经济的增长与发展，所以，扩大消费需求从而使经济发展动力依靠投资与需求共同拉动可以更好地促进经济发展与提高。

其次，消费需求的扩大可以在一定程度上鼓励自主创新，这是因为，消费需求满足的主要是民生发展，民生问题的解决可以很好地促进劳动者素质的提高，而劳动者素质的提高又是企业自主创新最主要的驱动力，因此，在消费需求扩大的前提下，企业自主创新能力会不断提高。

再次，消费需求的扩大可以通过消费结构的优化与调整引导并带动产业结构的升级，这是因为，有效的消费需求不仅包括居民基本消费，还包括耐用品消费、文化产品消费、旅游消费、奢侈品以及个性化消费等，这些消费形式可以从根本上带动第三产业尤其是生产性服务业与文化创意产业的发展，从而促进产业结构优化与升级。

最后，如果扩大消费需求从而对消费结构的调整可以与资源的合理利用以及环境生态保护结合起来，那么通过对产业结构的引导作用，消费需求的扩大就可以使低碳、绿色与环保的经济发展方式得以建立起来。[①]

中国扩大消费需求对于转变经济发展方式有着重要的政策导向作用，归结起来主要表现在以下四个方面：

第一，扩大消费需求引导消费发展方式由追求数量增长向追求质量提高转变，这是转变经济发展方式的题中应有之义。由消费需求内容的丰富性、水平的无限性、方式的多样性、结构的层次性以及影响需求的因素具有非经济性等一般规律可知，消费发展方式转变必然会经历一个由注重数量增长到注重质量提高的过程。[②] 虽然在一国经济发展的成长和起飞阶段，投资需求增长和“出口替代”战略往往是带动经济发展的主动力；但是，随着该国经济繁荣，国民收入水平不断提高，居民消费能力不断增强时，人们会不断追求高品质生活，导致经济发展必须转向追求质量的提高与效益的改善，这就在客观上决定了国内消费需求将会与投资、出口需求协同起来共同推动经济增长与发展，而且，国内消费需求作为社会大生产的最终需求，它在推动经济平稳较快发展中呈现的作用将会是投资与出口等需求不可替代的。所以，中国在通过扩大消费需求来转变经济发展方式的过程中，需要推动消费发展方式由追求数量增长向追求质量与效益的提高转变。事实上，在经济进入新常态阶段，伴随着经济社会发展综合实力的突飞猛进，中国居民消费需求已经步入发展型

---

① 姜作培：《扩大消费：经济发展方式转变的理性选择》，《福建论坛》（人文社会科学版）2008 年第 6 期。

② 许进杰：《扩大消费需求与转变经济发展方式研究述评》，《现代经济探讨》2011 年第 9 期。

与提高型阶段或更高级层次，因此，消费作为经济增长内生、原初动力的时代即将到来。

第二，扩大消费需求，转变经济发展方式，把消费作为经济发展主要动力，这需要以保障和改善民生为重点，不断提高居民的生活水平和消费质量。从本质上讲，经济发展的目的不是仅仅追求经济的高速增长，更不是为了发展而发展，而是以改善人民福祉、实现广大人民根本利益、促进人的全面发展为宗旨。现实经济发展以收入分配差距扩大、社会公平受损、自然环境遭受破坏、资源严重浪费为代价是与发展的目标背道而驰的，要改变这一状况就必须从关注居民消费需求入手，保障和改善民生，矫正经济发展方式，使其回归到正常的轨道上来。从这一意义上说，在全面建设小康社会的新阶段，经济增长主要依靠居民消费需求来拉动，不仅是一个经济发展方式的问题，同时也是一个经济发展指导思想和观念的问题。着力扩大消费需求是当前加快经济发展方式转变的基本政策导向。

第三，扩大消费需求，需要发挥消费结构对于产业结构与经济结构的引导与带动作用，推动产业结构的优化升级，实现经济结构战略性调整，从而推进经济发展方式加快转变。经济发展方式转变包括生产与消费两方面的内容，扩大消费需求并进行消费结构调整说的是消费方面，而产业结构调整说的则是生产方面。中国扩大消费需求从而转变经济发展方式的政策必然离不开产业结构的调整与优化。从供求均衡原理上来看，中国产业结构存在的问题，归根结底是供给侧生产结构与需求侧消费结构不相适应的问题，产业结构的调整滞后于消费结构的变化。现阶段，中国经济发展的实际情况是：一方面，经济增长导致居民收入水平不断提高，消费需求不断呈现出复杂化、多样化、个性化、层次化和快速化等特征；另一方面，产业结构无法跟进消费结构前进的步伐，生产过程中存在着工艺呆滞、企业缺乏自主创新能力、科学技术水平不高、转产与转型难题不易突破等问题，这就使现有企业所能提供的产品结构很难适应消费需求结构日新月异的变化，造成了消费需求丰富性与市场狭窄性、产业结构和经济结构呆滞性之间的矛盾。事实上，扩大消费需求在很大程度上往往并不能够直接推动经济发展方式转变，而是通过市场结构、企业生产结构以及产业结构这一供给侧的传导机制发挥作用，进而推动经济平稳较快发展。① 所以，一国在通过扩大消费需求来促进经济发展方式的加速转变时，必须要以经济结构与产业结构的战略性调整作为主攻方向。

第四，扩大消费需求必须充分考虑生态环境承载能力和资源约束条件，引导和促进经济增长方式由粗放型向集约型转变，从而推进经济发展方式的加快转变。消费决定生产，因而在一定程度上消费增长方式决定着经济增长方式。同经济增长一样，消费增长也有粗放型和集约型两种增长方式。消费的粗放型增长主要表现为消费资料数量上的累积和增加，最终表现为对资源环境的粗放型消耗和破坏；消费的集约型增长主要表现为消费质量的改进和消费效益的提高，以及出于对自然资源节约使用和生态环境保护的目的，而对绿色、环保、生态等低碳产品消费需求的增加。② 要促进经济发展方式由粗放型向集约型的转变，就需要首先改变消费增长方式，这要求扩大消费需求的政策须建立在努力减少过度消费，逐步实现消费需求从"过度"、"粗放"到"适度"、"集约"的动态增长。应当指出的是，为实现经济社会的可持续发展，扩大消费需求与当前资源环境紧约束条件下的适度、集约消费增长并不矛盾。相反，适度消费不仅不会抑制居民的基本消费需求和消费水平提高，而恰恰是立足节能减排发展目标，促使经济增长由主要依靠增加资源投入带动向主要依靠提高资源利用效率带动转变，不断提高经济增长质量和居民生活质量，推进消费需求结构的优化调整和经济发展方式的加快转变。③

---

① 通常情况下，消费需求促进经济发展方式转变的传导机制可以表示如下："居民消费需求扩大→消费结构调整（享受型、发展型消费所占比重不断上升）→企业投资结构调整→企业产品结构、生产结构调整（通过企业自主创新等方式）→产业结构调整→经济结构战略性调整→经济发展方式转变→经济平稳较快发展→消费需求进一步扩大→消费结构进一步调整→……"参见王天义《扩大居民消费与经济发展方式转变》，《经济理论与实践》2010 年第 9 期。

② 郑必清：《经济增长方式转变和消费增长的新阶段》，《长白论丛》1997 年第 1 期。

③ 尹世杰：《略论优化消费结构与转变经济发展方式》，《消费经济》2011 年第 1 期。

第三节　扩大消费需求是中国产业结构优化升级的客观要求

一　消费结构与产业结构的内在依存关系

消费结构与产业结构是经济学中的两个基本范畴，也是国民经济总体构成中的两个重要组成部分。正如马克思指出的："没有生产，就没有消费，但是，没有消费，也没有生产。"马克思关于生产与消费关系的论述，精辟地总结了社会总供给与总需求之间的相互依存关系，同时也说明消费结构作为经济增长中需求方面的因素，它与作为经济增长中供给方面因素的产业结构存在相互适应而又相互决定的内在依存关系。[①]

（一）产业结构对消费结构具有重要影响

马克思指出，生产与消费这两者中的每一方都是由于自己的实现而创造了对方。生产在为消费创造消费对象、消费方式的同时，还创造出新的消费需求。以人类用刀叉吃熟肉为例，是由肉食生产与餐具生产创造而来的。因此，生产结构影响着消费结构，生产结构不合理，人们所需要的东西供不应求，不需要的东西却供过于求，不仅无法满足人们的需求，还造成了巨大的社会浪费。从这个意义上说，产业结构决定着消费需求结构，它可以通过两种方式对消费结构产生影响：一种方式是，产业结构通过对经济增长产生的影响来间接地影响消费需求，根据发展经济学理论，伴随着农业剩余劳动力从农业向工业与服务业的转移而同步发生的是经济的增长与产业结构的优化与调整，因此可以说，经济增长过程本身就是结构变动的过程。在这个过程中，产业结构有可能在自然资源禀赋、生产要素禀赋、技术条件与政府政策选择等因素变化时发生单方面的变化，从而影响社会的经济

---

① 刘险峰：《中国产业结构和消费结构协同发展的实证分析》，《消费导刊》2007 年第5 期。

增长状况与居民收入水平，进而影响消费需求状况与消费结构。另一种方式则是产业结构直接地对消费结构产生制约或引导的影响。首先，产业结构代表的是供给水平，它可以通过产品结构制约消费结构。例如，在一个生产落后，产品数量匮乏、种类不多的经济体中，许多消费需求得不到满足，消费结构只能处于低水平状态，产业结构制约着消费结构的发展。其次，代表供给层次提高的产业结构升级还可以直接引领和创造消费需求，从而引导消费结构的优化与升级。在生产领域，企业自主创新活动可能是出于对便利生活作用的挖掘，那么由此出现的新产品就有可能受到消费者喜爱，从而把消费者随机的潜在需求激发出来，引导消费者形成新的消费倾向，带动消费结构向更高一级调整。

（二）消费需求结构对产业结构具有重要影响

根据马克思的理论，不仅生产决定消费，而且消费又决定着生产，更为重要的是，消费作为生产的起点，它对经济发展具有更重要的决定作用。这就决定了消费需求结构对产业结构具有更重要的影响。消费结构影响产业结构的方式也有两种：一种方式是通过影响经济增长水平间接对产业结构产生影响，因为消费需求是拉动经济增长的"三驾马车"之一，并且它在三大需求中处于最终需求层次，这就决定了消费需求能够通过带动投资增长进而促进经济增长来影响产业结构的变化。另一种方式是通过其对生产的引导作用实现的，这主要是因为生产的发展必须以需求为导向才能具有生存下去的空间。在这个过程中，"适者生存""优胜劣汰"的生存规则在市场机制下发挥作用，那些不适应消费需求的产品和产业将会由于产能的过剩与产品的积压而逐渐萎缩，而适应消费需求的产品和产业则会由于市场的青睐而迅速发展。如此循环往复，消费需求结构的变化迫使产业结构不断进行优化与调整才能适应不断变化的经济环境。

二　中国产业结构调整的历史及现状

回顾新中国成立后到改革开放前，中国经济发展基本上是由政府主导和国家计划形式推动的。在计划经济的影响下，国家对物质产品进行统一生产与分配，重工业在经济发展比重中占有绝对优势，但是消费率较低，于是便造成了产品的大量积压以及经济的恶性循环，中国走出了一条以牺牲农业为代价、优先发展重工业、高积累低消费的道路。这种片面追求重工业优先发展的道路导致了中国产业结构的失衡，经济发展畸形。改革开放以后，国家开始对计划经济体制进行调整，使其在经济发展中的影响作用逐渐降低，市场机制开始发挥作用。与此同时，中国政府开始对产业结构实施调整，并取得了阶段性成果。

中国在改革开放以后对产业结构进行的调整可以大致分为三个阶段:① （1）初步调整阶段：1978—1991 年，在这一时期，国家对工业化战略进行了调整，由优先发展重工业向优先发展轻工业，再向轻、重工业并举转变。中国产业结构得到初步优化，第二产业比重下降的同时轻工业的比重开始逐渐上升，农业和第三产业得到了初步发展。（2）加大调整阶段：1992—2001 年，这一时期，党的十四大召开以后，社会市场经济体制在改革中逐步健全和完善，资源配置方式由以计划为主转向以市场为主，市场成为产业结构调整的主要动力。此时，中国产业结构在需求结构的带动下不断实现优化。同时，由于二元经济转型客观上需要大力发挥第二、第三产业对于农村剩余劳动力的吸纳作用，所以第二产业实现增长的同时，第三产业的发展势头进一步凸显。（3）深化调整阶段：2001 年至今，这一时期，中国加入了世界贸易组织，使外资与外贸在产业结构调整过程中发挥的作用日渐突出。通过与世界上发达国家产业结构演变的实践进行对比，中国开始不断从产业组织机构、行业准入与退出、产业布局调整、产业技术升级以及新兴业态培育等方面对产业结构进行大规模的深入调整。目前，中国第二产业在国民经济中所占比重下降，第一产业仍是区域经济发展的基础，第三产业则实现了迅猛增长。

中国产业结构的调整政策取得了可喜的成效，伴随中国经济的持续快速发展以及工业化、城镇化的加速推进，中国产业结构已经发生

---

① 赵峥、姜欣：《中国产业结构演变的历史进程与现实问题分析》，《创新》2012 年第1 期。

了较大的变化。三次产业比例从 1978 年的 28.2：47.9：23.9，调整至
2014 年的 9.2：42.7：48.1①，其中第一产业下降了 19 个百分点，第三
产业上升了 24.2 个，第二产业（主要是工业）占 GDP 比重变化不
大，但始终是国民经济增长的主要动力。尽管如此，中国产业结构发
展中仍存在一些问题与挑战。②

　　第一，资源与环境约束的进一步强化使产业转型面临巨大压力。
由于中国经济发展方式转变并未取得根本性突破，高投入、高能耗与
高污染的粗放型发展方式仍占主流。"十一五"与"十二五"期间，
中国为了应对资源紧缺与环境恶化压力而将节能减排作为突破口，进
入"十三五"时期，节能减排任务的完成对产业转型升级的压力有增
无减。

　　第二，部分行业产能过剩问题依然突出，从而阻碍产业结构的进
一步优化。尽管中国尚不存在整体意义上的产能严重过剩问题，但从
行业看，局部产能过剩问题仍然严重。部分行业、地区盲目投资，低
水平重复建设问题突出，导致产能过剩。在外部需求萎缩的情况下，
这一问题表现得更加突出。2009 年中国钢铁产能过剩超过亿吨，电解
铝生产能力放空 40% 左右。

　　第三，工业产品长期处于产业价值链中低端位置。尽管中国已经
是位居世界前列的工业和制造业大国，但距离世界工业和制造业强国
位置还有很大差距，原因在于：一方面，中国的低技术产业和资源密
集型产业占比仍然很高；另一方面，中国在国际交换中处于国际价值
链的低端。在中国所出口的制成品中，初级产品占据较大比重，即使
在具有较高技术含量的产品生产中，中国所从事的也在很大程度上是
那些低附加值、低利润的劳动密集型的加工组装活动，关键技术与关
键设备严重依赖发达国家。

　　第四，第一产业内部结构不完善，现代化程度较低。中国农业部

---

　　① 数据根据历年《中国统计年鉴》整理所得。
　　② 参见中国电子信息产业发展研究院编著《中国产业结构调整蓝皮书》，中央文献出
版社 2012 年版。

门供水、供电、交通、通信等基础设施还不够完善，影响第一产业发展与人民生活；中国广大农村生产出来的农产品品种、品质结构尚不优化，产品优质率较低，虽然中国的牛、羊、猪等肉类产品，苹果、梨等水果产品，花卉以及水产品等在国际市场上具有明显的价格优势，但却面临着品种不优、质量不高的问题；中国农产品加工业尚处在初级阶段，保鲜、包装、贮运、销售体系发展还相对滞后，初级产品与加工品比例尚不协调。由上述诸多方面所反映出来的中国第一产业现代化水平低的问题在很大程度源自农村青壮年以及受教育水平较高的劳动力外流所造成的人才流失。

第五，企业核心竞争力不够导致工业化发展速度受限。进入21世纪以来，中国工业企业持续保持快速发展的势头，规模持续增长，但在核心竞争力方面仍显不足，处于国际竞争劣势。一方面，中国尚缺乏掌握高新科技的企业，核心竞争力主要体现在资源垄断、规模经济与低劳动力成本上面；另一方面，中国工业企业对外技术依存度很高，核心技术仍然受制于人；更为重要的是，中国工业企业用于技术研发和产品研制方面的投入不足，导致工业产值增长并不主要是靠技术进步推动的。

第六，第三产业尤其是生产性服务业发展程度有待提高。中国第三产业增长非常快，在就业中已经发挥了主渠道的作用，但却存在总量偏小和行业结构不合理问题，尤其是生产性服务业发展水平还比较滞后。从总量来看，目前绝大部分发达国家的第三产业比重在70%左右，大部分发展中国家在50%左右，但中国的第三产业比重长期处于50%以下。从第三产业内部结构看，发达国家主要以信息、咨询、科技、金融等新兴产业为主，而中国的商业餐饮、交通运输等传统服务业比重较大，而邮电通信、金融保险等基础性服务业以及现代物流、工业设计和咨询与科技服务等生产性服务业发展滞后，比重仍然不高，难以对高端制造业发展形成有力支撑。

三　中国扩大消费需求对产业结构优化升级的促进作用

从理论上讲，消费需求是引导产业结构变动的根本要素。这是因为在社会化大生产的全过程中，消费扮演了极其重要的角色，即消费是生产的目的和终点，同时它又是新一轮生产的起点。尤其是在市场经济条件下，消费者的支出或需求是一切经济活动所创造的成果能够得到社会认可的条件，是其价值能够得以实现的基础。消费需求就如同消费者的"货币选票"，它直接决定了产品或服务的"去与留"。此外，在社会总需求当中，消费需求还是份额最大的那部分，它作为社会最终需求，可以对其他需求尤其是投资需求产生影响，因而能够成为引导产业结构变动的主要力量和根本要素。消费需求的内涵可分为消费总量和消费结构两个方面：

从总量来看，一般来说，人口越多，收入水平越高，消费总量就越大，这会带来经济增长规模与发展水平的变动，从而导致产业结构的相应变动。但在经济增长缓慢、发展落后的国家，人口快速增长通常会降低一国人均国民收入水平，从而对产业结构的高度化产生不利影响；在经济增长速度较快、发展水平较高的国家（西方发达国家），人口的增加往往建立在人力资本上涨的基础上，这会使人均国民收入水平不断提高，从而能够起到稳定现有产业结构并使其进一步合理化的作用。

从消费结构来看，消费需求会通过个人消费结构、中间需求和最终需求比例、消费和投资的比例等几个方面来影响产业结构。例如，个人消费中具有较高科技含量的产品与服务消费比重增大就会带动资金、技术与知识密集型产业的发展，中间需求在社会总需求中所占比重增加就会使生产中间产品的产业规模扩大，消费与投资相比更占优势时就会拉动产业结构向消费热点部门倾斜。因此可以说，消费总量与消费规模的变动都会引起相应产业部门的收缩和扩张，也会引起新产业部门的生成和旧产业部门的衰落，进而对产业结构产生根本性影响。

此外，消费需求的满足还可以通过支持劳动力再生产而提高劳动者自身素质、增加人力资本投资，从而间接地推动技术进步与创新活动，鼓励企业的自主创新，推动产业结构升级。基于此，从当前经济形势来看，中国扩大消费需求对产业结构优化升级将会起到重要的促进作用：

首先，中国目前消费需求的转型有望拉动产业结构的优化升级。从经济发展态势上来看，中国现阶段的人均 GDP 已经超过 3000 美元，与国际上发达国家相比，这意味着中国国民收入水平已经跨入中等偏上国家行列，中国经济总体上已经接近或正在完成技术成熟过渡阶段，由此积蓄了足够的能量，足以让大众进入一个新的消费阶段，市场潜力巨大。伴随着经济新常态的到来，中国已经开始进入到新一轮的经济增长与发展的周期，自主性不断提高，中等收入阶层不断产生、成长、崛起，这一发展态势定会带来消费需求的转型，人们的消费观念、消费规模与消费结构都会发生相应的变动，在此基础上，生活质量问题会愈加受到关注，人们会普遍从数量型消费中解脱出来，转而追求消费品质的提高。未来消费的发展趋势是，在个人可支配收入中，消费开支的绝对量增长，投资类消费比重会不断上升。这些变化都会对产业结构优化与升级产生积极的促进作用，在这一"恰逢其时"的当口扩大国内自主性需求，激发经济增长潜能，不仅能够化解内外需失衡的矛盾，给市场机制带来活跃的因素，还能够优化供给结构，给企业带来生路和新的发展机遇。

其次，中国目前消费结构的升级有利于拉动新兴产业的发展。随着经济增长与发展的资源环境约束进一步加剧，绿色消费将成为未来消费主题，这就为绿色产品生产，绿色服务提供，新能源、新材料等产业的发展带来了广阔的市场发展空间；由于市场经济的发展，未来人们对信息的消费需求会逐渐增多，这会推动信息产业尤其是咨询等内容服务产业的快速发展；在世界融合的大背景下，文化与经济的全球化趋势日益明显，随着人们需求层次的提高，各种新型、个性化的文化消费会日益成为时尚，这会较好地促进定制化消费与文化创意产业的快速发展；随着人们对健康与养生等问题的关注增多，健康消费水平会急剧上升，这就会带动生物医药、美容养生、健康保健等产业的发展；在技术进步的推动下，全社会的劳动生产率水平不断提高，这为劳动者获得较高的收入水平提供了前提基础，使其在闲暇与工作之间进行选择的余地更大，休闲与娱乐成为可能，闲暇消费形成潮流，从而推动休闲旅游业的创新和发展；与此同时，随着人口老龄化问题的加剧，家政服务、家庭健康保健等产业的发展会逐步兴起。诸如此类的消费结构变迁都会在某种程度上带来产业结构的转变，扩大上述这些消费需求对于产业结构的升级换代定会带来积极影响。

　　最后，中国目前的消费层次发生了显著变化，农村消费的扩大可以进一步增强产业结构的优化升级。随着二元经济转型逐步向前推进，中国农村剩余劳动力不断实现向城市非农产业的转移，农业部门的劳动生产率提高，农民收入不断上涨，同时，在"万村千乡""家电下乡""汽车下乡"等政策的实施下，农村产品供给活跃并丰富了起来，有利于农产品的流动，并使农村居民的消费意愿不断提升。在这种情况下，进一步扩大农村消费需求，是顺应新农村建设的有力措施，广大农村潜在的巨大消费市场对于产业结构优化将会起到积极作用，随着农村居民消费结构由贫困到温饱再逐步向小康型的转变，中国产业结构的升级也会被较好地带动起来。①

第四节　扩大消费需求是解决就业问题的有效途径

一　就业是经济稳定增长的核心要素

　　从概念来讲，就业指的是在规定的年龄段内有劳动能力的人能够找到工作的状态。② 也就是说，就业反映的是劳动力配置，而劳动力配置，一方面会增加供给，使企业生产过程因为有劳动要素的投入而获得一定产出；另一方面则会增加需求，使劳动者因为获得劳动收入而增加消费需求与人力资本投资需求，同时还能够通过间接手段将劳动收入转化为储蓄，从而增加投资需求。总之，以劳动配置为核心内容的就业可以从供求两方面促进经济增长，它是经济稳定增长的核心要素。

---

① 佟丹丹：《论产业结构优化升级与扩大消费需求的关系》，《产业与科技论坛》2011年第17期。

② 李伯兴主编：《西方经济学》，东北财经大学出版社2014年版。

首先，就业可以促进产出增加，从而在供给方面做出贡献。马克思主义经济学者认为："劳动是一切价值创造的源泉。"西方经济学也将劳动作为生产过程中的重要投入要素。可见，在产出创造领域，劳动发挥着不可替代的作用。将劳动要素投入企业生产过程中在宏观问题上的表现则是就业问题，就业状况良好意味着劳动要素顺利地参与到企业生产中，而就业状况欠佳或者失业的存在则意味着劳动要素的配置受到阻碍。因此，从创造价值、企业生产或产出供给的角度而言，就业关系到经济的稳定增长。

其次，就业为人们取得稳定收入提供前提与基础，从而有利于消费需求的扩大并进一步促进经济增长。按照现代西方宏观经济学的观点，拉动经济增长的"三驾马车"分别是：消费需求、投资需求与净出口需求。其中，影响消费需求的因素主要包括商品价格水平、收入水平、消费倾向以及消费者预期等。稳定的就业不仅可以使人们的收入水平有所保障，而且能够给予人们乐观的收入预期（就业问题最容易影响人们的信心与预期），从而有利于消费需求的增长。此外，在稳定就业的条件下，人们满足了基本的生活消费需要后，还会进一步增加在教育、娱乐、文化、卫生、保健等方面的消费支出，提高生活水平与质量，并在很大程度上增加劳动者本身的人力资本水平，为劳动力再生产提供动力机制，促进人口素质与劳动生产率水平的提高，从而形成经济稳定增长的良性循环。

最后，稳定就业所提供的劳动者收入水平使储蓄成为可能，在消费需求扩大的趋势下，储蓄有利于形成投资，进而促进经济增长。根据一般的经济学原理，储蓄并不能自动带来经济的稳定增长，这里的关键问题在于储蓄能否顺利转化为投资。按照企业理性人假设，企业投资与否主要考察的因素是产品销量以及利润的高低，而这两种因素又取决于市场上对产品当期及未来的需求量。一般情况下，就业稳定条件下，居民收入水平有保障，市场上的消费需求源源不断产生，才能从根本上保证企业投资的有利可图。所以，就业的稳定在促进消费需求扩张的同时又可为投资需求的提高奠定基础，从而扩大对经济增长的贡献。

上述分析表明，就业是经济稳定增长的核心要素。相反，失业问题则会对经济增长产生不利影响。这是因为：从个人角度来看，失业意味着个人失去了稳定的收入来源，这就会抑制居民的消费需求，并影响劳动力再生产的顺利进行，威胁个人、家庭与社会的和谐发展，还会给失业者带来沉重的经济和心理负担，严重的可能会诱发失业者产生心理或生理上的疾病。从社会角度来看，如果整个社会的失业群体庞大，那么失业者可能会为了解决生存问题而走上犯罪的道路，危害社会稳定，不利于经济发展。从宏观经济角度来看，奥肯定律说明了失业给经济带来的影响。美国经济学家阿瑟·奥肯（Arthur Okun）根据美国的经验数据，发现失业率与实际国内生产总值的变动比率之间存在一定的数量关系，失业率每增加 1 个百分点，实际国内生产总值增长率将下降 2.5%—3%，关于实际国内生产总值与失业率变动之间的数量相关性就被称为奥肯定律。可见，失业率越高，实际国内生产总值越低，即高失业率不利于经济增长。

二　扩大就业是增加居民收入的前提条件

就业是民生之本、收入之源、和谐之基，中共中央高度重视全国就业问题，因为就业关系到居民收入水平的稳定，尤其是在中国经济进入新常态阶段，扩大就业更是增加居民收入的前提条件。如果没有就业，那么居民也就失去了收入来源，提高收入水平就成为一句空话。

从经济学理论来看，就业是居民收入的主要来源，虽然居民的收入来源可以是多元化的，但拥有强大的创业能力、拥有资本或能够继承巨额财产的人毕竟是少数，职业和劳动收入终究是绝大多数居民最基本的收入来源。从中国目前的现实来看，用劳动换取收入仍然是当前最重要和最常见的分配原则。这种最基本最普遍的分配原则决定了某些劳动力如果无法就业，基本就失去了收入来源，除非少数人有稳定的其他收入支持，否则一般都会沦为贫困者。

现阶段，中国人口老龄化问题凸显，随着越来越多的老人退休，在岗职工的负担会进一步加重，因此，只有扩大就业，才是增加居民收入的前提条件。

三 扩大社会消费需求与新增就业岗位的联动效应

内需不足在很大程度上制约着经济的发展。扩大消费需求将通过促进经济增长来为众多的劳动者创造就业岗位，从而增加居民收入，进一步拉动消费需求上涨，促进新一轮经济增长，形成一个良性循环。可见，扩大社会消费需求与新增就业岗位具有联动效应。就业是民生之本，是人民群众改善生活的基本前提和基本途径。就业和再就业，关系着中国数百万人民群众的切身利益。

从当前中国的实际情况来看，扩大社会消费需求对新增就业岗位的联动效应最应发挥作用的区域应是中国的广大农村地区。因为农村就业转移是扩大居民消费的根本动力。农村就业转移能够增加农村居民收入，扩大其有支付能力的需求或现实购买力，增加农村居民的收入预期，提高其边际消费倾向，也有助于改善农村消费结构，提高农村消费水平，还会有力地推动第二、第三产业的发展，提供更多更好的适合农村需要的商品和服务，从而提升农村的消费需求。鉴于此，中国在实施扩大国内消费政策时，应把农村劳动力的就业转移作为一个着力点。

第五节　扩大内需是推进城镇化
进程的重要基础

一　中国城镇化水平及发展潜力

现有大多数学者将城镇化定义为城镇化是乡村分散的人口、劳动力和非农业经济活动不断进行空间的聚集而逐渐转化为城市城镇的经济要素，城市城镇相应地成长为经济发展的主要动力的过程。新中国成立 60 多年以来，中国的城镇化发展经历了三个阶段[①]，取得了较大

---

① 这三个发展阶段分别为：新中国成立到改革开放前的缓慢起步阶段（1949—1978年）；改革开放以来到 21 世纪末的加速发展阶段（1978—2000 年）；21 世纪以来的快速发展阶段（2001—2015 年）。转引自刘勇《中国城镇化发展的历程、问题和趋势》，《经济与管理研究》2011 年第 3 期。

的成就，但也存在一些问题。

经过 60 多年的发展，中国的城镇化率已从 1949 年的 10.64% 提高到 2014 年的 54.77%（见表 2-1），年均提高 0.7 个百分点，基本上适应了中国经济社会发展的需要。

表 2-1　　　　　　　　　1949—2014 年中国城镇化进程

年份	全国人口（万人）	城镇人口（万人）	城市化率（%）	城市化年均增长百分比	城市总数（座）	城市年均增加数（座）	建制镇总数（座）
1949	54167	5765	10.64	—	132	—	2000
1978	96259	17245	17.92	0.37	193	2.1	—
1980	98705	19140	19.39	0.43	223	7	2874
1985	10581	25094	23.71	0.69	324	24	7511
1990	114333	30191	26.41	0.20	467	17	—
1995	121121	35174	29.04	1.44	640	18	15043
1996	122389	37304	30.48	1.43	666	26	17770
1997	123626	39449	31.91	1.44	668	2	18000
1998	124761	41608	33.35	1.43	668	0	19060
1999	125786	43748	34.78	1.44	667	-1	19184
2000	126743	45906	36.22	1.44	663	-4	20312
2001	127627	48064	37.66	1.44	662	-1	20374
2002	128453	50212	39.09	1.43	660	-2	20601
2003	129227	52376	40.53	1.44	660	0	20226
2004	129988	54283	41.76	1.23	661	1	19883
2005	130756	56212	42.99	1.23	661	0	—
2006	131448	57706	43.9	0.91	656	-5	17652
2007	132129	59379	44.94	1.04	655	-1	16711
2008	132802	60667	45.68	0.74	655	0	—
2009	133474	62186	46.59	0.91	654	-1	—
2010	134091	66978	49.95	3.36	657	3	19410
2011	134735	69079	51.27	1.32	657	0	19683
2012	135404	71182	52.57	1.30	657	0	19881
2013	136072	73111	53.73	1.16	658	1	20117
2014	136782	74916	54.77	1.04	652	-6	20401

资料来源：国家统计局。

从总体上看，中国城镇化进程表现出如下特征：

第一，中国城镇化进程的发展速度明显加快，城镇数量以及城镇经济比重不断提高。尤其是进入 21 世纪以来，中国城镇化进程基本保持在年均提高 1 个百分点的水平上，2010 年达到 3.36 个百分点，这一数值远远高于同期世界城镇化发展年均提高 0.2 个百分点的平均水平，也快于许多新兴工业化国家城镇化发展的速度。中国城镇化水平与经济发展阶段也基本适应，2014 年中国人均国内生产总值为7500 美元左右，城镇化水平为 54.77%，世界人均国内生产总值为8000 美元左右，城镇化水平为 51%，可以看出中国城镇化与经济发展水平不存在严重偏离现象。

第二，中国城镇体系日臻完善。目前，中国大中小城市和小城镇体系分布已经具有完整轮廓，现已初步形成了"城市和建制镇"的框架体系。城镇集群逐步累积，基本形成了 4 个成熟的城镇群和 11 个半成熟的城镇群的格局。

第三，城镇布局日趋合理。从空间范围来看，中国城镇空间合理布局的"大分散、小集中"格局正在初步形成，主要表现为与中国地理环境资源基本相协调的东密、中散、西疏的总体态势。从微观层次上来看，城市内部空间、中心城区、近郊区以及远郊县的城镇空间结构层次日益显现。

第四，城镇建设成效明显，有效扩大了城镇人口容量，并提高了城镇现代化水平。城市建成区面积扩大趋势明显，城镇住房条件不断得以改善，城市水利、交通、热电、绿化、环境卫生、电信等基础设施与基础服务体系不断完善，这为城市人口容量的扩大与城镇现代化水平的提高奠定了良好的基础。

然而，不可否认的是，中国城镇化进程中还存在很多问题与困境，城镇化水平有待进一步提高，城镇规模与结构尚需合理化、城镇宏微观布局仍须进一步完善、城市的生态环境建设有待加强。

首先，中国城镇化水平不高、质量较差。这突出表现在"城中村"、工矿棚户区和小城镇破败等方面。其中，各城市中大量存在的"城中村"现象反映了中国城市发展模式粗放、可持续性差的缺点，在城市规划的刚性上、城市规划的执行力度上以及城市建设管理上都存在诸多问题。工矿棚户区则是计划经济时期"先生产、后生活"的产物，改革开放时期，由于种种原因，这些地区发展晚了一拍半拍，导致问题遗留下来。至于小城镇破败问题则主要与发展阶段有关，城镇化早期一般都注重大中城市的发展，对小城镇发展重视不够，中国虽然很早就提出了"小城镇、大战略"的思路，并且也重点突出了小城镇的设置工作，但毕竟经济实力和发展阶段未到，因此许多小城镇基础设施差，城镇功能弱，城镇建设质量不高的现象难以避免。

其次，中国城镇规模结构不合理，城镇对外辐射能力还比较弱。大、中、小城市结构不合理，与国际普遍规律相比，中国大中城市特别是大型城市集中的人口比例明显偏低。城镇群发展刚刚起步，城镇之间联系交往程度还不高，城镇聚集程度还较低，人口总规模还比较小，人口吸纳能力还不强。目前，中国城镇一般都还处于人口和产业的集聚阶段，对外辐射能力还比较差，郊区化和分散化的趋势虽然存在（如产业和人口转移等），但并不十分明显。

再次，中国城镇宏观区域布局和城镇内部空间布局存在不少问题。在城镇的宏观区域布局上存在的主要问题是，城市数太少、乡村太多、建制镇规模太小。城市内部功能分区混乱，城市核心区、中间区、边缘区、郊区和郊县的关系不清，致使城市盲目外扩，摊大饼，这也是"城中村"现象发生的重要诱因之一。

此外，中国城镇化进程中还存在城乡差距调控不力的问题。城乡差距扩大，关系不顺，城乡"二元结构"在中国依然突出。基本公共服务和社会保障没有普遍地、均等地惠及城乡人口，城乡没有形成良性互动的格局，城镇化推进未能有效地、稳定地减少依赖土地的农业人口。城镇化过程中，在征地、拆迁、旧城改造等方面存在有法不依、执法不严、工作方法简单粗暴等问题，造成了一些社会矛盾，影响到社会稳定。

最后，中国在城乡生态环境建设问题方面还存在一些不足。城市向农村转嫁环境污染，农村向城市提供有害食品等问题时有发生。

"城中村"则往往成为城市环境卫生的死角和隐患，不仅影响市容市貌，而且更严重的是可能会对整个城市卫生带来很大的威胁与隐患，可能成为城市流行病的发源地。

尽管存在如此多的问题，中国城镇化进程仍然具有较大的发展潜力。未来20年中国城镇化仍将处于快速发展时期，城市的数量、城镇人口以及城镇建设都还将有较大的发展。这既是由中国人多、地少、资源环境约束大的特殊国情决定的，同时又是中国经济发展后发优势的必然结果。

一方面，中国未来经济增长的空间可以带动城镇化的进一步发展。根据发展经济学一般原理，城镇化与经济增长具有显著的相关性，经济增长通过产业结构、就业结构转换及产业聚集等因素可以促进城镇化水平提高；反过来，城镇化也可通过多种机制推动经济增长。两者相互作用的内在基础是聚集经济，具体表现为内部规模经济、地方化及城镇化经济三个层次，来源于多方面的效应，并存在于产业、地理和时间维度。借助城镇化与经济增长之间的关系可以看出，未来中国的经济增长仍具较大发展空间，在供给侧改革、经济发展方式转变、产业结构优化升级、经济增长动力机制转换等的助推下，中国聚集经济效应会进一步得以发挥，城镇化进程会不断加速。

另一方面，从世界城镇化发展的一般规律也可以看出，中国城镇化进程仍将处于快速发展阶段。城镇化发展的一般规律表明，城镇人口占总人口的30%—70%时，城镇化将处于快速发展的中期阶段。未来20年，中国城镇化将继续处于快速发展阶段，并将经历高峰发展时期和接近拐点发展时期；估计中国城镇化的拐点在65%—75%之间；2030年左右将达到城镇化的拐点，未来中国城镇化的目标是，争取在20年内完成城市化的历史任务，以赶上和超过世界城市化的平均水平。据估计，世界城市化将于2050年达到70%的水平。①

---

① 刘勇：《中国城镇化发展的历程、问题和趋势》，《经济与管理研究》2011年第3期。

二 扩大消费需求与城镇化进程的双向作用

城镇化进程对于扩大内需具有重要的作用，但同时，扩大消费需求对城镇化的推进也具有积极的作用，二者相互影响，协同联动，共同促进经济的增长与发展。城镇化与内需增长之间的相互促进效应明显，城镇化战略不仅有助于扩大内需水平，更有助于内需结构的调整；投资增长和消费增长都有助于城镇化进程的加速，其中消费增长对城镇化的推动效应更显著。其政策含义是在推进城镇化进程中要坚持"以人为本"，把提高居民消费水平放在首位，对投资加以积极引导，充分发挥城镇化的内需扩大效应和内需调整效应。

一方面，城镇化是今后一个时期中国扩大内需的最大潜力，因为随着城市化进程，每年将有相当数量的农村富余劳动力及人口转移到城市中，这将带来投资的大幅增长和消费的迅猛增加，同时，也将为城市发展提供多层次多元化的人力资源；此外，新型城镇化还可以形成更多的就业人口，提高劳动生产率，有利于提高劳动力的工资和劳动报酬在初次分配中的比重，增加居民的购买力，从而拉动消费需求。在金融危机削弱了中国外需的背景下，城镇化成为中国扩大内需的最大潜力和未来经济增长的强大引擎。

另一方面，扩大消费需求对于城镇化进程的加速也具有重要作用。这主要源自城镇化与经济增长所具有的显著相关性，经济增长通过产业结构、就业结构转换及产业聚集等因素可以促进城镇化水平提高，而现阶段，中国经济增长的主要推动力在于国内需求的扩大，尤其是消费需求的扩大。而在扩大消费需求中，农村消费需求的提高成为主要着力点。目前，占中国人口60％的农村居民在最终消费中所占的比重仅为40％，农村人口所购买的商品仅占全部商品零售额的25％，因此，要扩大消费，必须增加百姓收入，尤其要增加占人口大多数的、收入普遍较低的农民的收入。而要增加农民收入就需要不断地实现农村劳动力的非农化转移，这是因为中国农村人多地少，农村劳动力大量过剩，农业发展还比较落后，所以在农业内部，农村居民收入增长的空间极为有限，实现农村劳动力向非农产业的转移就业，持续减少第一产业的劳动力就业比重，是增加农村居民收入、启动和扩大农村消费的根本途径。而与农村劳动力就业转移与农村消费需求的扩大相伴随而生的恰恰就是城镇化进程的持续发展。因为只有城镇化才能为农村剩余劳动力提供更多的就业岗位，也只有城镇发展了，才能满足农民不断扩大的消费需求。

第三章　提升居民收入水平与扩大消费需求的内在联系

第一节　居民收入水平与购买力水平的衡量指标

一般而言，衡量居民收入水平的指标主要包括人均国内生产总值、居民人均收入、居民人均可支配收入和居民人均可随意支配收入。其中，人均国内生产总值作为一个重要的宏观经济指标，其范围最广，除了包含居民收入，还包含政府投资及企业税收等内容；居民人均收入反映了一个国家或地区居民的平均收入水平；将居民人均收入扣除掉个人所得税和个人缴纳的各项社会保障支出之后剩余的就是居民可支配收入；居民人均可随意支配收入是在居民人均可支配收入的基础上扣除其衣、食、住、行等基本生活支出后仍然剩余的收入。可随意支配收入指标的大小意味着居民的高级消费，即用于享受生活和精神层面消费的潜力。以上四个要素指标都可用来衡量居民收入水平，并都标志着购买力水平的大小。

一　人均国内生产总值

人均国内生产总值是人均国内生产总值的简称，它作为经济学中衡量一个国家或地区宏观经济发展状况的重要指标之一，是人们了解和把握一个国家或地区的宏观经济运行状况的有效工具，同时也是人们对居民收入水平与生活状况进行了解的基础。在指标计算上，我们将一个国家在核算期内（通常是一年）所实现的国内生产总值与这个国家的常住人口（或户籍人口）相比，便得到人均国内生产总值的数值。由于它也是衡量各国人民生活水平的一个标准，所以，为了更加客观地衡量，各国经常将其与购买力平价结合起来进行考察。

根据中国统计局所显示的数据，中国自改革开放以来，人均国内生产总值不断攀升。如表 3 - 1 所示，1978 年，中国人均国内生产总值数值仅为 382 元，经济发展处于起步阶段，人们的生活水平普遍不高。进入 20 世纪 80 年代后，人均国内生产总值增长速度加快，最快增速达到 23.39%。随着市场化改革的推进，国民经济增长出现波动状态，1988 年以后人均国内生产总值增速有所放缓，但 90 年代之后

表 3 - 1   中国 1978—2014 年人均国内生产总值及其增速

年份	人均国内生产总值（元）	人均国内生产总值增速（%）	年份	人均国内生产总值（元）	人均国内生产总值增速（%）
1978	382	—	1997	6457	9.85
1979	420	9.95	1998	6835	5.85
1980	464	10.48	1999	7199	5.33
1981	493	6.25	2000	7902	9.77
1982	529	7.3	2001	8670	9.72
1983	584	10.4	2002	9450	9.00
1984	697	19.35	2003	10600	12.17
1985	860	23.39	2004	12400	16.98
1986	966	12.33	2005	14259	14.99
1987	1116	15.53	2006	16602	16.43
1988	1371	22.85	2007	20337	22.5
1989	1528	11.45	2008	23912	17.58
1990	1654	8.25	2009	25963	8.58
1991	1903	15.05	2010	30567	17.73
1992	2324	22.12	2011	36018	17.83
1993	3015	29.73	2012	39544	9.79
1994	4066	34.86	2013	43320	9.55
1995	5074	24.79	2014	46629	7.64
1996	5878	15.85			

资料来源：国家统计局：data. stats. gov. cn。

再次快速上升，并且人均国内生产总值的增长速度于 1994 年达到历史最高值 34.86%，随后，中国国内生产总值出现一种稳定上升趋势，直到 2002 年再次出现较快的增长势头。2014 年，中国人均国内生产总值已达 46629 元，相比 1978 年增加 100 多倍。中国人均国内生产总值的这种波动性上涨的状态一方面是经济增长的结果，另一方面又是中国人口变化使然。后者则与中国 1982 年实现计划生育这项基本国策以及 2000 年以后人们生育观的改变有密切关系。

随着经济的发展，中国总体人均国内生产总值水平虽然一路攀升，但是，从地区角度来看，却存在较大差异。如表 3 - 2 所示，中国各地区的人均国内生产总值水平呈现较大差异，中国人均国内生产总值排名前十位的省份分别为：天津、北京、上海、江苏、浙江、内蒙古、辽宁、广东、福建和山东，这 10 个省份的人均国内生产总值排名虽然在最近四年内没有发生根本性变化，但从增长速度上来看却是有所不同的。以辽宁省为例，

表 3 - 2　　　　2011—2014 年全国排名前十的省份人均
国内生产总值和发展速度

地区	各地人均国内生产总值（元/人）				人均国内生产总值发展速度			
	2011 年	2012 年	2013 年	2014 年	2011 年	2012 年	2013 年	2014 年
天津	85213	93173	99607	106810	110.9	109.2	107.9	107.2
北京	81658	87475	93213	100855	103.8	104.9	105.2	108.2
上海	82560	85373	90092	97561	105.0	105.7	106.1	108.3
江苏	62290	68347	74607	81986	110.3	109.7	109.3	109.9
浙江	59249	63374	68462	73033	107.2	107.7	107.8	106.7
内蒙古	57974	63886	67498	71135	113.8	111.1	108.7	105.4
辽宁	50760	56649	61686	65209	111.6	109.4	108.6	105.7
广东	50807	54095	58540	63741	108.0	107.4	107.8	108.9
福建	47377	52763	57856	63691	111.6	110.5	110.2	110.1
山东	47335	51768	56323	61057	109.9	109.2	109.0	108.4

注：按人均国内生产总值排序。

资料来源：《中国统计年鉴》（2015）。

该省 2014 年的人均国内生产总值为 65209 元，排名第 7 位，而其增长速度在四年中却是逐步递减的，2014 年该省的人均国内生产总值增速为 5.7%，仅高于内蒙古的 5.4%，排名第 9 位。这说明，中国各地区由于经济增长与人口数量呈现不均衡的分布状态，导致其人均国内生产总值指标存在较大不同，因此，其居民的购买力水平与生活水平存在较大差异。

二　居民人均收入与人均可支配收入

居民人均收入是居民收入按照住户人口平均的收入水平，它反映的是全国或一个地区居民的平均收入水平。其中，居民收入是居民从各种来源所取得的现期收入的总和，分为纯收入和毛收入，居民收入水平是直接影响市场容量大小的重要因素，一方面受宏观经济状况的影响，另一方面受国家收入分配政策、消费政策的影响。

居民人均可支配收入是按家庭全部人口计算的平均每人生活费收入。它包括居民家庭所有成员的工资、奖金、津贴、洗理费、书报费、交通补贴、价格补贴、独生子女费以及离、退休者收入、赡养赠送收入、出售财物收入、利息收入、稿费、讲课费等全部经常和一次性收入，但应扣除赡养、赠送支出、记账补贴、各种税金、个人所得税、车船使用税，等等。目前，中国人均可支配收入分为城镇居民可支配收入和农村居民可支配收入，其具体计算公式如下：

城镇居民可支配收入＝城镇居民家庭总收入－交纳所得税－个人交纳的社会保障支出；农村居民可支配收入＝农村住户总收入－家庭经营费用支出－税费支出－生产性固定资产折旧－财产性支出－转移性支出－调查补贴

其中，家庭总收入是指该家庭中生活在一起的所有家庭人员从各种渠道得到的所有收入之和，包括工资性收入、经营净收入、财产性收入、转移性收入。居民人均可支配收入标志着居民的购买力，用以衡量居民收入水平和生活水平。

中国居民的人均可支配收入水平自改革开放以来随着人均 GDP 的增长而呈现出不断上升的趋势，但从地区以及城乡分布来看则存在较大差别。首先，中国不同省份的人均可支配收入分布不均。2012 年 7

月，31 个省份公布 2011 年城镇居民人均可支配收入，其中，上海、北京、浙江占据前三名，甘肃垫底。从增幅来看，海南增幅最高，达 17.9%。2013 年，全国居民人均可支配收入为 18311 元，各地区的人均可支配收入中，上海、北京、浙江仍然占据前三名，西藏垫底，从增长幅度来看，贵州增幅最高，达 18%。另外，如表 3 - 3 所示，2014 年中国居民人均可支配收入情况中排名前十的省份分别是：上海、北京、浙江、江苏、广东、天津、福建、山东、辽宁和内蒙古。这些省份的人均可支配收入都呈上涨势头，增长速度均处于 7%—9% 之间，其中，辽宁省的增长速度以 7% 的数值位居前十的最后，而内蒙古与福建的增长速度则最快，达到 9%。

表 3 - 3　　　　2014 年全国排名前十的省份居民人均可支配收入

单位：元/人、%

排名	地区	2013 年	2014 年	增速
1	上海	42173.6	47710	8.8
2	北京	40830.0	43910	8.9
3	浙江	29775.0	40393	8.9
4	江苏	24775.5	34346	8.7
5	广东	23420.7	32148	8.8
6	天津	26359.2	31506	8.7
7	福建	21217.9	30722	9
8	山东	19008.3	29222	8.7
9	辽宁	20817.8	29082	7
10	内蒙古	18692.9	28350	9

资料来源：《中国统计年鉴》（2014）。

其次，中国城乡之间的居民人均可支配收入也存在差异。如图 3 - 1 所示，改革开放以来，随着中国国内生产总值的提高，中国居民的人均可支配水平不断上涨，但由于改革过程中的政策与制度安排在不断发生变化，导致城乡之间的居民人均可支配收入水平发生了一些改变，并且存在较大差距。改革最先是从农村兴起的，1983 年以前，改革开放政策的重点主要在农村区域内进行，因此，在这段时间内，通过大刀阔斧的改革，农村居民收入有了大幅度的提高。据国家统计局的数据显示，农村居民人均纯收入从1978年的133.6元上升到了1983年的309.8元，增长了两倍多。1984年，中国开始在城市推行市场化机制，改革的重点随之从农村转移了出来，在城市，以搞活国企、实行放权让利、对企业进行承包经营等为特征的改革措施不断涌现，在这些措施的影响下，企业生产效率得到较大提高，直接带动了城市居民收入水平的较快增长。1984—1996年，城镇居民可支配收入水平实现高速增长，增长率基本都维持在了两位数的水平，1994年达到最高水平35.6%。1994年，为了缓解农副产品市场供求关系紧张的状况，中国开始大幅度地提高农副产品的收购价格，这在一定程度上刺激了农业生产的增长和农民收入的增加。在1994—1997年这四年的时间里，农村居民人均纯收入增长非常迅速，增长率达到1.27倍，从而构成了改革开放以来中国农村居民收入水平倍增的第二个时期。然而，到了1997年，亚洲金融危机的发生，使中国经济增长速度放缓，城乡居民的收入增长速度随之降低，其中，农村居民可支配收入增长率更低，仅维持在2%左右。这种状况一直持续到2001年，2002年开始，中国市场化改革的步伐进一步加快，经济的快速平稳发展为城乡居民收入水平新一轮的增长提供了有力支持。此时，城镇居民可支配收入年增长率基本都在10%以上，而农村居民自2001年以后的收入增长也在不断加快，并且逐步高于城镇水平。

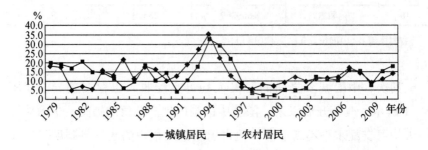

图3－1 1978—2014年中国城乡居民人均可支配收入增长率趋势

资料来源：根据《中国统计年鉴》相关数据整理而得。

三 收入差距

中国地域辽阔，各地区自然条件和经济基础不尽相同，以及长期以来存在的地区之间经济发展不平衡和客观上的城乡二元经济结构，导致中国居民收入水平呈现出非均衡的分布状态，从上文所述的城乡之间、不同地区之间的居民人均可支配收入状况上就可窥一斑，除此之外，居民收入水平的差距还会在不同行业、不同区域、不同群体、不同职业、不同性别等分类标准中表现出来，总之，中国居民的收入差距自改革开放以来就一直存在。关于这一点，我们可以从基尼系数的变化中进行观察。

基尼系数是意大利经济学家基尼（Corrado Gini，1884－1956）在1922年提出来的，用以综合考察居民内部收入分配差异状况的一个重要分析指标，也是根据洛伦兹曲线提出来的判断分配平等程度的指标。如图3－2所示，设实际收入分配曲线和收入分配绝对平等曲线之间的面积为 A，实际收入分配曲线右下方的面积为 B。则我们可以用 A 除以（A＋B）的商表示收入不平等程度。这个数值就被称为基尼系数或称洛伦兹系数。如果 A 为零，基尼系数为零，表示收入分配完全平等；如果 B 为零则系数为 1，收入分配绝对不平等。收入分配越是趋向平等，洛伦兹曲线的弧度越小，基尼系数也越小；反之，收入分配越是趋向不平等，洛伦兹曲线的弧度越大，那么基尼系数也越大。可见，基尼系数的大小与收入差距之间具有正向的相关关系，基尼系数越大表明收入分配差距越大，基尼系数越小则表明收入分配越平均。按照国际一般标准（见表3－4），基尼指数通常把 0.4 作为收入分配差距的"警戒线"，根据黄金分割律，其准确值应为 0.382。一般发达国家的基尼系数在 0.24—0.36 之间，美国偏高，为 0.45。

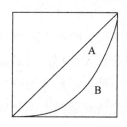

图 3－2　基尼系数示意图

表3-4　联合国有关组织对基尼系数与收入差距之间关系的界定

基尼系数	收入差距状况
低于0.2	收入绝对平均
0.2—0.3	收入比较平均
0.3—0.4	收入相对合理
0.4—0.5	收入差距较大
0.5以上	收入差距悬殊

中国将基尼系数分为城镇和农村两种分别分类计算，因此一般只计算城镇基尼系数或农村基尼系数。近期，中国国家统计局公布2003年以后的全国居民基尼系数。对于2002年及其以前未公布的全国居民基尼系数，笔者采用城乡分解法来测算，其中全国人均收入由城镇居民人均可支配收入和农村居民人均纯收入用人口比重加权平均后得到。从数据表3-4中可以看出，1978年时，中国基尼系数仅为0.160，属于收入绝对平均状态，这是由中国改革开放前所实行的统收统支、计划分配的经济体制所决定的。1980—1984年，中国基尼系数位于0.2—0.3，收入分配差距表现为比较平均的态势。1985年一直到2000年，中国基尼系数都处于0.3—0.4的位置，收入分配差距相对合理。然而，从2001年开始，中国基尼系数就超过了国际警戒线0.4的水平，表明中国收入分配差距不断加大，若根据黄金分割律进行比较，中国自2005年以后就已经步入收入分配差距比较悬殊的行列。值得注意的是，2008年基尼系数在达到0.491的最高值之后开始有所回落，2013年已经降为0.471。数据显示，中国2014年的基尼系数为0.469，2015年基尼系数更是降至13年以来的最低点达到0.462，但仍然高于国际公认的警戒线水平。

中国基尼系数的增大以及居民收入差距的扩大，表明中国不同居民群体的收入增长幅度存在较大差别，大多数居民的收入增长是缓慢的，占人口比重大多数的中低收入家庭的收入比重甚至在下降，而只有少数高收入群体分享了经济发展的大部分成果。这就为中国居民整体消费需求的不足埋下了伏笔。

表 3 – 5　　　　　　　　　1978—2013 年中国居民基尼系数

年份	基尼系数	年份	基尼系数	年份	基尼系数
1978	0.160	1990	0.316	2002	0.433
1979	0.160	1991	0.333	2003	0.479
1980	0.230	1992	0.353	2004	0.473
1981	0.284	1993	0.366	2005	0.485
1982	0.256	1994	0.369	2006	0.487
1983	0.246	1995	0.373	2007	0.484
1984	0.239	1996	0.327	2008	0.491
1985	0.306	1997	0.362	2009	0.490
1986	0.326	1998	0.363	2010	0.481
1987	0.326	1999	0.377	2011	0.477
1988	0.331	2000	0.394	2012	0.474
1989	0.335	2001	0.403	2013	0.473

资料来源：1978—2002 年数据根据历年中国统计年鉴数据按城乡分解法测算，2003 年以后数据为国家统计局公布数据。

第二节　消费需求的影响因素

早在重商主义时期，经济学家们就对消费、消费品等进行了解释与探讨，后来在经历了古典消费理论、新古典消费理论、新古典时期非主流的消费理论、凯恩斯消费理论、后凯恩斯消费理论以及行为消费理论等不同阶段之后，消费理论在经济学中的作用一步一步地凸显出来。同时，由于各个消费理论产生与发展所处的时代背景不同，社会习俗与经济发展状况等都存在差异，导致不同学者对消费需求的影响因素的看法具有很大不同。诚然，消费需求作为市场经济条件下，消费者对于消费品的需求或欲望，通常要受到多种因素的共同影响，西方经典的消费需求理论认为，影响消费需求的因素主要有消费者收入水平、消费者预期、商品价格水平、消费者偏好、消费者年龄构成、其他替代性商品的价格与质量等方面。在此，本书将这些主要的影响因素分为消费主体因素、支付能力因素、消费意愿因素与实现环境因素四类。

一 消费主体因素

针对消费品而言，消费主体就是消费者，而影响消费需求的主体因素则包括作为消费主体的人口规模与结构因素两个方面。

首先，消费主体规模是指在一定时期内，一个国家或地区或有针对性的地域范围内所拥有的人口数量。由于消费产生的根源在于消费主体对于衣、食、住、用、行等方面所提出的主观需要，所以消费主体规模对消费需求总量（规模）产生直接的影响。在人均消费量一定的条件下，主体规模越大，意味着消费需要越多，从而消费需求也就越大。关于这一点，凯恩斯早于1937年在《人口减少的若干经济后果》中就有所论证，他在对人口、消费水平和技术等因素进行了详细分析之后获得了实证数据方面的有力支持，表明人口增加会直接地拉动消费增长。

其次，消费主体结构是指一个国家或地区或有针对性的地域范围内的人口各类构成以及人口的社会经济结构。根据不同的标准，我们可以将消费主体结构分为人口年龄结构、人口性别结构、人口收入结构、人口职业结构、人口婚否结构、人口受教育结构、人口地理分布结构等不同的内容。这些不同的人口结构对于消费需求所产生的影响既可能是规模上的也可能是结构上的。以年龄构成为例，不同年龄段的人口，其消费方式、消费心理与消费预期大不相同，导致其消费需求存在较大的差异。根据莫迪利安尼所提出的生命周期假说，某一个特定年龄段的人会根据其一生所能够拥有的收入水平与财富来对消费行为进行权衡，从而达到在整个生命周期内的消费跨时最优选择。也就是说，不同年龄段内的人由于其拥有的资源总量存在差别，所考虑的资源用途有所不同，从而导致其消费支出会出现差异。对于少儿而言，他除了父辈给予的财富等经济资源之外没有任何收入，其消费支出只能建立在抚养者提供的基础之上；而对于退休的老年人而言，他不再能够通过现时的劳动取得收入，用于消费的支出主要来源于劳动时期的储蓄或其子女的供养。因此，对于那些劳动适龄人口而言，其收入和财富的用途实际上可分为三个主要组成部分：（1）用于自身消费部分，也就是用来满足劳动者本人的当期消费支出；（2）用于抚养下一代或供养老人的部分，也就是用来满足其子女或其父母的消费支出；（3）用于储蓄的部分，也就是用来满足退休之后的消费开支部分。前两个部分中，收入用于消费，而后一个部分中收入用于储蓄，可见，在劳动者当期消费一定的条件下，被抚养人口所占比重①对于居民消费支出将会具有重要影响。一般来说，人口年龄结构的变化若以总抚养比的上升表现出来，就会使劳动适龄人口将收入用于储蓄的部分减少，从而显著地提高居民消费率；反之，则会降低居民消费率。

　　然而，必须提出的是，人口年龄结构中总抚养比上升对于消费需求的提振作用并不是绝对的，当总抚养人口中老年人比重上升而少儿比重下降严重时就会产生"人口老龄化"问题，反而会阻碍消费需求的扩大。中国正在经历这样一个典型的阶段，"未富先老"的人口老龄化带来了一系列严重的社会经济问题。而从消费需求角度来看，人口老龄化的发展，对中国消费需求产生的影响是与生命周期理论所揭示的结论正好相反的，即人口的老龄化所带来的总抚养比的提升没有扩大消费需求而是降低了居民消费率。这是因为，老年人被抚养人口比重的过度增加使劳动适龄人口承担的责任加重，每个年轻人所挣得的收入中需要供养老人的部分增加，因此会导致劳动适龄人口极大地减少当期消费；同时，由于预期的人口寿命在不断延长，为了保障在退休后较长时期内的基本生活水平，劳动适龄人口将收入用于储蓄的部分也会不断增加，从而进一步降低消费水平；另外，对于老年人而言，其消费动机也是保守而严谨的，除了满足基本的生活需要外极少会考虑更高级的消费需求，并且有些老年人在"家长式遗赠动机"的支配下也会具有为其子孙后代积累财富的倾向，从而导致消费需求不会增长太多。

_____

　　① 由于被抚养或供养人口由少儿和老年人组成，所以被抚养人口所占比重即总抚养比等于被抚养人口与劳动适龄人口的比例。

二 购买力因素

现代消费理论中对于消费的定义往往是：消费者对商品与服务所具有的愿意购买并且有能力购买的欲望或需求。由此可以看出，消费需求是购买力与购买意愿的共同产物，因此，影响消费需求的因素自然少不了购买力因素与消费意愿因素，本节主要探讨购买力因素，下节则主要探讨消费意愿因素。

可以说，消费者的购买力是消费需求得以实现的前提与基础，也是影响和制约消费需求变动的最重要因素。而代表购买力的主要指标则是消费者的收入水平，更确切地说，则是消费者的人均可支配收入水平。关于收入对消费需求的影响，在古典经济学、马克思以及凯恩斯经济学的理论思想中都有所体现。

古典经济学家萨伊在将非生产性消费划分为个人消费和公共消费的基础上提出了收入水平对消费需求具有重要影响的观点。他认为，个人消费以个人收入为基础，以满足家庭需要与个人需要为目的，主要用于衣、食、住、用、行和娱乐；公共消费以政府或国家的税收收入为基础，以满足社会整体需要为目的。约翰·穆勒在分析收入对消费的影响时着重提出了工资性收入的重要作用，他指出，工资性收入是消费的源泉，因为消费者首先是劳动者，通过劳动获得工资才能保障其基本的消费需求。布阿吉尔贝尔则提出了资产增加所代表的收入水平对消费需求的影响，他认为，人们的开支是随着资产增加而相应增加的，这也就包括消费支出的变动情况：当一个人的资财超过生活必需的程度范围时，他就会产生对于舒适品的需求，若此后资产进一步增加，他就会产生更高一级的需求，进而购买精致的、生活中非必需的奢侈品。此外，亚当·斯密在对居民的消费行为与其在劳动力市场中所获报酬之间存在的关系进行详细分析的基础上指出，个人收入的高低是决定消费的表面原因，消费表面上受个人可支配收入的影响，实际上则受到个人可支配收入来源的难易程度的支配。[①]

---

① ［英］亚当·斯密：《国富论》下卷，郭大力等译，商务印书馆 1972 年版，第 228 页。

马克思的经济学理论也体现了收入水平所代表的购买力影响消费需求的观点。首先，他认为，收入水平与商品价格对消费具有直接影响。收入水平越高，消费水平就越高，收入水平不仅决定着消费者的购买能力，还影响了消费者的消费预期。但是在资本主义制度下，工人的收入水平受到分配制度（不合理的分配制度）的制约，被限定在极低的水平上。马克思指出，如果生活资料价格下降，或者货币工资提高，工人会购买更多的生活资料，对这些商品产生更大的社会需要；相反，如果生活资料价格上涨，或者货币工资下降，工人会减少生活资料的购买，对这些商品的社会需要也相应减少。在这个过程中，生活资料价格的变动实际上也可以看作是收入水平的变动，因为价格降低意味着特定收入所能购买的生活资料数量的增多，这与实际收入水平的提高具有相同的效果。其次，马克思还认为收入分配差距过大，也会造成消费结构失衡和社会消费能力的不足，这是由资本主义生产资料私有制所决定的，同时也是由此导致的非公平分配制度的结果。根据马克思的剩余价值理论，在资本主义社会里，资本家凭借其对生产资料的私人占有而享有对生产成果的分配权，这便导致资本家获得了全部的剩余价值，工人却仅能获得其劳动所创造价值的很小一部分。这种极度不合理、不公平的分配制度，会导致工人收入水平的长期低下，因此失去对于消费品的购买力，从而限制了整个社会的消费需求，这种由分配制度不公所导致的消费需求不足最终会带来经济危机的产生。

凯恩斯经济学奠定了现代消费理论的基础，并创造性地将"收入"变量引入消费分析，提出了绝对收入假说，首次从宏观经济学的视角将消费与收入联系起来，从此，收入作为影响消费需求的重要因素就一直占据着消费理论的核心地位。在凯恩斯眼中，决定消费的主要是收入（更严格地说，是个人可支配收入）。虽然凯恩斯也认为，除收入之外，包括工资单位的变化、资本价值的意外变化、利率、税收、预期、不可预见的环境、未来收入和个人需要之间的联系如养老等主客观因素也会对家庭消费函数产生影响，但他觉得这些因素的影响是非常小的，并且这些因素的共同作用还会具有抵消效果，从而对消费的影响就更弱。因此，在理论分析上，凯恩斯把消费看成是唯一地由收入决定的，即消费是收入的函数。凯恩斯的理论对于一些经济现象的解释力显然有待考证，后来的一些经济学家则分别提出了不同的观点作为补充与发展，例如，杜森贝利的相对收入假说、莫迪利安尼的生命周期假说、弗里德曼的持久收入假说等相继涌现了出来。虽然后来这些经济学家的观点与凯恩斯的思想有所不同，但他们的共同点都是围绕着收入问题来谈消费需求，因此，收入水平以及隐藏在其背后的购买力作为影响消费需求的重要因素几乎是公认的道理了。

中国现阶段的经济发展战略中，扩大内需，促进消费需求扩张的重点之一就放在了提升居民收入水平与缩小收入分配差距上面。这一战略重点的提出正是基于上述理论渊源以及中国居民可支配收入水平不高、收入差距巨大的现实。

三 消费意愿因素

消费意愿作为影响消费需求的重要因素最先是在古典经济学中提出来的，古典经济学家们认为，除收入水平以外，"消费意愿"是构成"有效消费"的另一要素。在这里，"有效消费"的概念由托马斯·马尔萨斯首次提出，它是指人们对于购买产品这样一件事既有意愿又有支付能力，从而构成的消费过程。马尔萨斯在给大卫·李嘉图的一封信中写道："有效需求包含两个要素，购买力和购买愿望——我并不认为购买力必然与购买愿望成比例。我不同意这一观点：供给总是不会超过需求。一个国家当然是拥有消化其产品的购买力的，但我却很容易设想它没有这种愿望。"[①] 大卫·李嘉图提出了"不是不能多付，而是不愿意多付"，区分了消费者支出能力和支出愿望的差别，关于消费意愿的分析使消费者的行为变化更加切合实际。

古典经济学家虽然提出了"消费意愿"这一概念及其对消费需求的影响，但却并未给其下一个完整的定义。事实上，消费意愿指的是消费者主观上倾向于消费的程度，它要受到消费文化观念、消费习

---

① ［英］大卫·李嘉图：《李嘉图著作和通信集》第 6 卷，胡世凯译，商务印书馆 1980 年版，第 153 页。

俗、消费者的消费习惯、周围人的消费趋势、收入支出的不确定性、消费者偏好以及消费预期等多种社会经济因素的影响。归结起来，消费主体的消费意愿是来自本身的内部因素与来自环境的外部因素共同作用的结果。

从影响消费意愿的内部因素来讲，消费文化与观念扮演着关键角色。现代的经济学家经常结合心理学、历史学、社会学等学科来研究消费者行为，他们认为消费文化是消费者在长期的社会经济生活中，在不断进行的消费实践中逐步形成的以对消费的价值取向、评价态度、指导原则、行为道德等方式表示出来的，固化在消费者内心中，对于消费过程具有指导与支配功能的观念或意识。作为长期消费实践的结果，消费文化观念具有历史性、时代性与传统性，它在特定的历史时期约束并规范着居民的消费行为、消费倾向与消费偏好，因而产生对于消费需求的重要影响。中国历史上消费意愿影响消费需求的例子比比皆是。早在农业社会时期，儒家文化统领着消费者的意识流向，自给自足的农业生产状态以及重农抑商的经济体制使"黜奢崇俭"成为当时消费文化观念的主要特征，这便产生了对于消费的抑制作用，消费需求萎缩，商品经济长期处于不发达的状态。改革开放前夕，计划经济体制下生产供不应求的状况使商品呈现出短缺特点，人们"量入为出、勤俭节约、艰苦朴素"的生活习惯使当时的消费文化观念以"极度节约"为主，在这种弱消费观的主导下，消费需求一直处于低位状态，消费品难以更新换代，社会经济发展速度迟迟无法提高。到了改革开放政策实行以后，市场经济体制的激活把人们那些被长期抑制的消费需求迸发了出来，消费文化观念的转变使居民消费的自主性不断加大，消费需求不断上升。在这一时期，居民消费文化经历了一个多元化的发展过程，表现出阶段性特征。

第一，改革初期，消费文化观念以补偿消费、从众心理和盲目模仿为特征，在其引导下，中国居民消费表现出模仿型排浪式消费特点，一时间，城乡居民对耐用家庭消费品展开了大规模的购买，"老三件"与"新三件"成为城乡高收入居民争相购买的热点商品。

第二，进入21世纪以后，在人们基本的消费需求不断得到满足的基础上，追求个性化、彰显个人自由与价值、追求舒适与满足、提升性消费等元素不断充斥着消费文化观念，导致中国居民消费需求发生了较大变化，突出表现为生存型消费向发展型消费的转变、物质型消费向精神型消费的转变、单一型消费向多样化与个性化消费的转变等不同方式。

第三，在中国居民消费文化不断呈现开放状态的同时，西方消费文化得以传播，这在一定程度上改变着中国居民传统的世界观与价值观，对于消费需求也产生了双面影响，一方面，彰显个性与自由的开放型文化使中国居民保守的消费观念得以解放，大量消费需求涌现出来，麦当劳与肯德基等快餐式消费、好莱坞电影大片与旅游养生等休闲娱乐型消费、网上商城与电子商务等线上消费在提振中国消费经济方面发挥了重要作用；另一方面，西方文化传播全盘输入的接入模式也使淫秽、色情、赌博等享乐式、拜金式消费得以在中国显现，这在一定程度上冲击着中国传统的文化道德，同时也使居民消费需求出现了扭曲与畸形发展，给社会稳定带来不利影响。

从影响消费意愿的外部因素来讲，消费环境中的不确定性因素以及由此导致的消费者对于收入支出的不同预期起着重要作用。通常来讲，在外部环境具有较大确定性的情况下，消费者预期未来收入与支出越稳定，消费意愿就越强，从而导致消费需求越大；反之，如果外部环境中充斥着不确定性影响，消费者预期未来收入与支出就会不稳定，甚至呈现不乐观的图景，其消费意愿就会减弱，从而导致消费需求的萎缩。中国改革开放后消费需求虽有所扩大，但目前仍然处于需求相对不足的状态，其中有很大一部分原因就在于消费者在社会转型期所带来的不确定性环境下，产生了非稳定的收入与支出预期，从而弱化了消费者的消费意愿，使消费需求不能得到大幅度提升。在计划经济体制转向市场经济体制的过程中，居民的就业、工资与社会保障由于脱离了国家的统筹与规划范围而具有了极大的不确定性。计划时期，人们的就业由国家或政府统一进行分配，工资水平虽然较低但却有充分的保证，未来的收入与支出情况确定，人们消费需求的满足主要通过全国统一配给制解决。到了市场经济时期，国家实行统一的劳动合同制度，人们开始面临失业风险，"铁饭碗"时代成为历史，就业无保障使居民收入不再稳定，居民对未来的收入支出产生不确定性预期，因而其消费需求远没有想象中提高得那么多。

四　实现环境因素

消费的实现环境因素是一个从消费主体外部对消费过程产生影响的因素，同时也是一个需要通过影响消费者的购买力与消费意愿从而间接地对消费需求产生影响的因素。对于任何消费主体的消费行为而言，它都是在一定的消费环境中进行的，离开了特定的消费环境来谈消费需求往往会产生狭隘的结论，可见，消费实现环境是影响消费需求的重要因素。在这里，对于那些消费者在生存和发展过程中所面临的、对消费行为产生一定影响的，所有外在的、客观的因素都被统称为消费环境。① 有些学者认为，消费环境主要包括自然环境、经济环境与社会环境三种，也有学者将消费环境分为自然环境与社会环境两种，而又将后者细分为市场环境、文化环境与制度环境三类。本节在主要遵循前一种分类方法的基础上进行简单的介绍。

首先，自然环境作为人类赖以生存与发展的基础，它还可以向居民提供自然资源，从而为消费品的生产与获得奠定条件，所以，自然环境中的资源禀赋状况势必会对消费需求产生影响。一个国家所拥有的自然资源的丰裕与稀缺程度，反映着这个国家经济发展的潜在可能性，也是消费需求的客观约束条件，自然资源约束是从生产的可能前提方面影响消费需求的。在一个人均资源相对匮乏的国家，生产中所需要的原料不能得到充分供给，就会使市场中的商品出现供给紧张的局面，消费者的消费需求不能得到相应满足。只有在人均资源充裕的条件下，一个国家的消费需求才具有扩大的可能。中国是人均资源匮乏的国家之一，人均煤炭资源占有量约为世界的61%，人均石油资源占有量约为世界水平的5.1%，人均天然气资源仅为世界的5.8%，人均森林面积只有世界平均的21.3%，水资源人均占有量为世界平均的25%，是全球13个贫水国之一。在人均资源相对不足的状态下，

---

① 尹世杰：《消费经济学》，高等教育出版社2003年版，第49—64页。

中国却背离了资源利用的合理轨道，走出了一条主要依赖增加投资和物质投入的粗放型经济增长道路，这使中国自然资源本就相对不足的状况进一步恶化，能源的消耗增长很快，浪费也很严重。在这种情况下，中国只有加强自然资源的合理利用与保护，以及创新性地进行能源开发，才能保障经济的持续增长和消费需求的稳定扩大。

其次，经济环境也会对消费需求产生影响，而这里的经济环境主要体现为社会基础设施、产业结构、经济发展方式、经济制度、市场运行等所有与经济状况相关的促进或制约消费实现的因素。产业结构与经济发展方式对消费需求的影响是显而易见的，在本书第二章已经有所阐述，在这里不再赘述。接下来主要以社会基础设施和经济制度为例来说明经济环境对消费需求的影响。基础设施是国民经济各项事业发展的基础，它主要包括交通、通信、水电煤气等公共设施和教科文卫等社会性基础设施。基础设施的落后和供应不足，一直是制约中国经济发展和扩大内需的"瓶颈"。这是因为，社会基础设施并不是独立存在的，而是与多种私人物品之间保持着高度的相关性，例如交通设施可以实现私人物品的异地购买，对于那些需要在异地采购所需物品的消费者而言，交通的发达程度决定了他的消费需求能否得到满足。所以，社会基础设施的供给不足不仅会造成供给效率低下，而且还会制约居民对某些私人物品的消费，从而降低居民当期消费的有效需求。

消费实现环境中的经济制度因素对消费需求的影响更是深刻的，各国所普遍实行的税收制度就是如此。早在古典经济学时期，经济学家们就已经普遍意识到了税收制度对消费行为的影响，税收一方面会通过征收个人所得税而影响居民的可支配收入水平；另一方面也会通过向商家征收消费税等影响商品的价格水平。而由于商品依据种类的不同而具有不同的性质，例如，必需品与奢侈品就具有不同的收入弹性与价格弹性，所以导致征税的政策效果也是不尽相同的。对于必需品而言，即使税收减少了居民的收入水平并提高了商品的价格，但其需求仍然不会有较大幅度的下降，因为居民对这些商品的需求具有较强的刚性；而对于奢侈品而言，情况则大不一样，税收的作用会更加明显，对奢侈品征税可能会产生对其消费的较大抑制作用。鉴于此，很多国家通过交替使用加税与减税的政策对消费需求进行调节，然而这种税收政策效果仍然是受人质疑的。布阿吉尔贝尔针对法国"达依税"无固定税则的情况进行了考察，并对酒税、出口关税和国内通行税等赋税提出了质疑。他指出，达依税属于完全任意配征且无固定模式，因此存在严重的不公平现象。达依税使穷人纳税重，而使富人纳税轻，富人把应纳的达依税转嫁给穷人，使穷人倾家荡产，纳税人数减少，国民财富也日益减少。而酒税、出口关税和国内通行税则严重限制了消费品的自由流通。因此，他认为税收会导致消费衰退，而恢复消费的前提是进行赋税的改革。

最后，消费实现环境因素中还有一类因素对消费需求产生着影响，即社会文化与习俗因素。从习俗上说，它主要是通过影响消费者的消费意愿与消费偏好从而产生对消费需求的影响。亚当·斯密认为，不同历史时期的风俗习惯会对消费产生影响。例如，古代的希腊人和罗马人虽然不穿麻布衬衫，"还是生活得非常舒适，但是，到现在欧洲大部分，哪怕一个雇工，没穿上麻布衬衫，也是羞于走到人面前去的"。又如，依英格兰习俗，无论男女皮鞋均是必需品；依苏格兰习俗，皮鞋仅对男性是必需品；到了法国，无论男女皮鞋均不是必需品，他们赤脚或者穿木屐行走都是无伤体面的。西斯·蒙第也认识到消费习俗对个人偏好、心理因素，进而对消费的影响。在西斯·蒙第看来，人们不仅有多种多样的需求，而且在一定条件下也有不同的偏好。他认为"消费者的爱好可以随时尚而改变，也可以随着移风易俗而改变；通过向一个国家输入更雅观、更方便或者比旧产品更便宜的产品，也可以改变消费者的爱好；随着人民群众的宗教信仰的改变，也可以改变消费者的爱好"。

影响消费需求的环境因素绝非仅仅如此，周围人的消费习惯、消费偏好与消费方式，人们在过去形成的经验与消费历史等诸多因素都会对消费需求产生这样或那样的影响，在此不再一一枚举。

第三节　收入水平与消费需求的内在相关性

正如凯恩斯所言，除了收入之外，对消费需求产生影响的各种因素由于其作用可能会相互抵消从而具有影响弱化的倾向。收入水平唯一地影响消费需求具有更加强大的理论与现实说服力。各国在提振消费需求的战略中都普遍地从提升居民收入入手，是有着深厚理论渊源的。

一　绝对收入水平与消费需求之间的关系

凯恩斯提出绝对收入假说之后，学者们分别就此进行经验实证，论证的结果有支持的声音同时也有反对的观点。本书在此处并不打算多加评价，只是在假设绝对收入水平对消费需求具有重要影响的情况下，研究两者之间的关系究竟是怎样的。

首先，从微观上讲，绝对收入水平的增加并不会有力地提高消费者对于所有商品的消费。这正是微观经济学中需求收入弹性理论所显示的道理。需求收入弹性常被用来表示消费者对某种商品需求量的变动相对于收入变动的反应程度。需求收入弹性系数可正可负，说明收入水平的提高使消费者对于某种商品的需求可能是增加的也可能是下降的。由此便产生了"高档品"与"低档品"的差别，消费者的收入增加时，他们往往会增加对于"高档品"的购买而不增加（即使增加其幅度也较小）甚至减少对于"低档品"的购买。在发达国家，人们收入增加，对昂贵商品的需求增加迅速，对基本商品如面包的需求仅有微小增长。这样，汽车和到国外度假就成为具有较高收入弹性的"高档品"，而马铃薯和公共汽车旅行等商品或劳务就成为具有较低收入弹性的商品，某些商品的弹性有时甚至会出现负数，从而沦为"低档品"。对于低档商品而言，随着收入的增加，商品的需求量反而是降低的，因而这些商品需求的收入弹性是负数值。此外，还有一些因素也会导致收入与消费呈现非正比关系，例如，商品对人们欲望的满足程度，消费一种商品，人们的欲望越快得到满足，那么当人们收入增加时其需求增加的数量就越少。再如处于不同收入水平的人们之间其收入与需求之间的关系表示也是不同的，最明显的例子就是富人与穷人在收入增加时所做出的不同反应，同样的一笔收入增长，穷人会用其买更多的生活必需品，富人却会将收入更多地花费在非必需品购买上面。

依据上面的分析，人们很自然地会产生这样一种直觉：收入水平的提高也会对消费需求的扩大产生不利影响。这在微观分析的基础上确实如此，但仔细推敲，结论却不能止步于此。随着收入水平的提升，人们对于"低档品"的消费会出现下滑的趋势，这种市场需求的变化会迅速地被拥有"敏感嗅觉"的供给者所捕捉，作为追求利润的主体，生产厂商会根据市场信号重新调整自己的产品结构，从而应对已经发生了变化的需求结构。由于供给既可以满足需求，又可能创造新的需求，所以收入水平提高所导致的需求增大的部分会不断地超越那些由于收入提高而减少的需求部分，使最终的消费需求仍然高于收入未提高之前的水平。

其次，从宏观上讲，特定时期内绝对收入水平与消费需求之间具有正向比例关系。这主要是因为：第一，收入水平代表着消费者支付能力，消费需求作为人的一种欲望是永无止境的，只要消费者的支付能力不断扩张，代之而起的必然是人们有效消费规模的不断扩大。第二，随着收入水平的提高，人们对于消费的需求层次会不断提升，在生存性消费需求得到普遍满足的基础上，那些更高级的消费需求会不断出现在消费者的消费意愿中，从而带动消费需求的不断攀升。第三，从消费倾向上看，绝对收入水平的提高在特定的时间段内也是能够促进消费需求扩大的。尽管根据凯恩斯的消费理论，人们的边际消费倾向最终将会趋向于递减，但这一递减趋势到来之前首先会经历一个递增的过程。这一过程产生的原因一方面在于低收入阶段所抑制的消费需求在收入提高后会大量地迸发出来从而导致消费需求的迅速扩张；另一方面则在于科学技术的发展促进产业结构的优化升级从而在满足人们现有需求的同时还会进一步激发新的需求，导致消费需求也会出现上涨。

　　然而，绝对收入水平提升消费需求的作用的发挥并不是绝对和一成不变的，因为随着收入的进一步加大，居民的边际消费倾向最终还是会递减。而关于边际消费倾向的问题，中国学者展开了大量研究，证明中国居民收入水平与边际消费倾向存在着倒 U 形曲线关系，刘长庚和吕志华（2005）就曾用实证数据验证了这一结论，并指出：改革开放以来中国居民的边际消费倾向经历了一个先递增、后递减的过程，即 1978—1993 年中国居民边际消费倾向呈现递增趋势，而到了 1993 年之后，则开始不断下降。① 导致居民边际消费倾向下降的原因是多方面的，归结起来主要在于中国居民收入差距不断扩大、社会保障制度不完善以及居民收支预期不稳定等。我们知道，边际消费倾向的下降势必会直接导致国内需求不足，并且使投资和外贸对经济的拉动作用弱化，财政政策的效率降低。所以，要促进经济增长，我们就必须预防边际消费倾向的下降或减缓这一趋势的到来时间，而要解决这一问题还必须从调节收入分配的差距入手。

　　很显然，在论证绝对收入水平与消费需求之间的关系时，收入分配问题所产生的影响是不容忽视的。但收入分配对于消费需求究竟会产生何种影响，国内外学者的观点一直存在分歧。虽然国内有相当多的学者将凯恩斯的边际消费倾向递减规律简单地推广到了宏观层面，认为按照这一规律，收入再分配将增加总消费。但在事实上，正如勃兰德所指出的，边际消费倾向递减并不意味着更均等的收入分配将增加总消费。关于这一点，杨天宇（2007）用一个简单的数学推导进行了说明，并据此将边际消费倾向与收入之间的关系划分为五种情况。他还进一步指出只有当边际消费倾向与收入水平大致呈倒 U 形关系时，收入分配政策才能对消费需求产生积极影响。原因在于，边际消费倾向与收入水平呈倒 U 形意味着中等收入阶层的边际消费倾向高，低收入阶层与高收入阶层的边际消费倾向低。此时，收入分配越均等，即全体居民中接近于中等收入水平的比例越大，全社会的总体边

---

① 刘长庚、吕志华：《改革开放以来中国居民边际消费倾向的实证研究》，《消费经济》2005 年第 8 期。

际消费倾向就越高。此时采取缩小收入差距的收入分配政策，无疑可以提高边际消费倾向，扩大总消费需求。①

总之，绝对收入水平与消费需求之间的关系不是一成不变的，对于低收入阶层而言，提高居民收入水平会促进消费需求的扩张，而对于高收入阶层而言，提高居民收入水平对于消费需求的提振作用则会逐渐减弱。中国现阶段正处于中等收入水平国家行列，一方面要继续提升居民收入水平，发挥其对消费需求的促进作用；另一方面还要将战略重点转移到缩小收入差距的再分配政策上来，提高居民的边际消费倾向，进一步扩大总的消费需求。

二　相对收入水平与消费需求之间的关系

杜森贝利早在 1949 年就通过《收入、储蓄和消费行为理论》一书提出了相对收入假说，他通过对两个拥有相同收入的白人家庭和非白人家庭所表现出来的消费行为差别进行研究发现，个人消费需求还要受到周围人消费支出和其在过去的消费状况以及经验的影响。在该理论中，相对收入水平指的是个人相对于邻居或同等家庭收入的收入水平的高低。尽管如此，杜森贝利的相对收入假说所反映出来的实质并非相对收入对消费需求的影响，而恰恰说的是在相对收入的比较背景下，通过棘轮效应与示范效应所反映出来的，周围人消费支出以及个人在过去的消费支出对于个人消费需求所产生的影响。所以，从实质上来看，我们并不能直接通过传统的相对收入理论来阐述相对收入水平与消费需求之间的关系。

让我们首先重新给相对收入水平下一个定义。结合国内外诸多学者的观点，我们认为，相对收入水平是由国民收入分配结构所决定的不同主体之间的收入比例关系。以中国为例，中国的总量国民收入形成之后，最终要按照一定的收入分配制度分割为居民收入、政府财政收入与企业投资性收入三个部分。于是便存在三种不同的相对收入水平，即居民相对收入水平、政府相对收入水平以及企业相对收入水

① 杨天宇：《中国居民收入水平与边际消费倾向之间倒"U"型关系研究》，《中国人民大学学报》2007 年第 3 期。

平。其中，居民相对收入水平与消费的关联最大，它指的是分配给居民个人的收入量在整体国民收入中所占的比重关系。熊海斌（2010）认为，我们之所以把这一比重叫作"相对收入水平"主要有两个方面原因：第一个原因是，这一比重的最终形成实际上是居民与其他利益主体进行经济博弈的结果，因而它反映了居民在国民收入中能够分得的份额，代表了其在全社会收入分配中的相对地位。第二个原因是，居民的相对收入水平制约着一个社会生产与消费的平衡状况，二者之间具有相互对应性。由于居民的相对收入水平往往对消费支出起着决定性作用，所以，为了使消费与生产能力相适应，居民的相对收入水平就需要根据产能状况而做相应的调整。在产能不足的短缺时期，居民的相对收入水平可以低一些，以使消费与较低的生产能力相适应；在资本充裕、产能过剩的时期，居民的相对收入水平就应该高一些，以使消费与较高的生产能力相适应。这就是说，在一定的资本积累和产能状况下，生产与消费的平衡要求居民的相对收入水平达到与之相适应的状态，过高或过低都会破坏生产与消费的平衡关系。由此可见，居民的相对收入水平具有双重相对性：一是各分配主体在宏观分配格局中的利益与地位相对性；二是居民的相对收入水平与生产—消费平衡状况之间的相对性。从这双重相对性出发，中国现在都需要提高居民的相对收入水平。

那么，在国民收入的三大分割部分中，为什么只有居民的相对收入水平对于消费需求的实现最为有利呢？关于这个问题，我们有必要详细展开分析。首先来看企业积累性收入对于消费需求的影响，这部分收入主要是以利润的形式归企业所有并支配的，从用途上来讲，企业会主要将其作为扩大再生产的资本，用作新一轮的投资，直接用于积累，从而进一步形成新的产能。因此，企业收入的部分对于消费需求没有直接影响，若非要说有影响，那也只是通过供给对于需求的创造与引导作用实现的，其作用形式是长期的，并且是不确定性的。其次来看，政府收入与消费需求之间的关系，这部分收入是以税收、规费等形式由个人或企业上缴给政府所有并支配的，从政府财政支出角度分析，它可以分为"公务员工资""行政费用""政府投资""科教文卫等事业性支出""社会保障支出"等项目。在这些支出项目中，"公务员工资"是支付给政府工作人员个人的，因而会对居民个人消费产生促进作用，但公务员毕竟是少数人，每年的公务员考试中，一个岗位有可能会有十几、几十甚至几百个人同时竞争，但最终录取可能只有一个或几个人。况且在廉政办公与整个社会工资水平的制约下，公务员工资水平往往是比较稳定且难以大幅度提高的，所以想通过提高公务员工资水平从而促进消费需求不太现实也不被允许。"行政费用"是政府为了维持正常的办公需要或维持国家机器的正常运转而必须支付的日常开销，例如用于购买办公用品，支付工作人员的差旅费用，报销公务员因为工作原因而提前给付的招待费等，这些费用支出后可以促进消费的上涨，但它们要受到严格的限制，否则会形成大量国有资源浪费，在中国历史上就曾出现过很多"公款吃喝""公款旅游"等假公济私的不正当消费现象，这是必须加以杜绝的。"政府投资"主要用于支持基础设施建设和国有企业发展，前者对于消费需求具有促进作用，后者属于生产性投资，可以直接增加产能，从而对生产—消费平衡产生影响。因而，政府投资对于消费需求的影响主要是间接性和辅助性的。"科教文卫等事业性支出"属于支持文化建设与科技创新支出，它与政府投资所起的作用类似，短期内可能会具有促进消费功能，长期内则会通过提高科学技术水平来促进产能提升。对于"社会保障支出"而言，则是对于消费需求具有最为直接作用的一项政府支出，因为这项开支与广大居民切身利益相关，它可以变相提高广大居民收入水平从而起到刺激消费需求的作用。综上可知，企业收入与政府收入对于消费需求的促进作用都是微弱的，除非政府收入中有较大的比例用于了增加社会保障支出。所以，提高居民的相对收入水平才是最有利于增加社会消费需求的。

三　持久收入水平与消费需求之间的关系

西方国家在第二次世界大战以后出现"滞胀"格局，消费理论陷入混乱。已有的绝对收入假说与相对收入假说都不能对储蓄率的稳定性做出合理的解释，在这一背景下，美国经济学家莫迪利安尼与弗里德曼构建的生命周期—持久收入假说涌现出来。事实上，绝对收入假说与相对收入假说之所以会缺乏足够的解释力，是因为它们考虑的都是确定性条件下的当期消费与当期收入的问题，而由消费需求的影响因素理论可知，消费是多种因素共同作用的结果，自然包括消费环境中不确定性的因素以及消费者的预期。所以，我们在探讨消费需求的促进问题时，还要依据生命周期—持久收入假说，把不确定性因素以及未来的可能性考虑进去。

生命周期—持久收入假说为持久收入水平与消费需求之间的关系问题提供了理论基础。首先，生命周期假说提出了消费者对其一生的收入预期的重要性，认为单个消费者在某一个具体时期的消费需求并非仅仅取决于他在当前时期的收入水平，而是取决于他个人对其一生收入水平的预期。代表性消费者所拥有的总资源约束包括他当前以及未来所能够取得的所有收入和财富之和，他会依据这一总的资源水平规划自己在整个生命周期内的消费与储蓄，追求一生的消费平滑（或称为均匀地进行消费），目的在于通过消费的跨时最优配置达到整个生命周期内的总效用水平最大化。可见，在生命周期理论中，对于某一个特定年龄层次的人而言，消费需求是与他们一生中所能够取得的收入水平挂钩的。其次，持久收入假说对生命周期假说做了重要补充与发展。该假说针对消费与收入两个变量分别融入了暂时与永久的概念，并认为在它们的两两组合中，暂时性消费与持久性消费无关，暂时性收入与持久性收入无关，暂时性消费与暂时性收入无关，只有持久消费与持久收入成正比，二者比例的大小则取决于利率、财富与收入比率等。由此可见，持久收入假说明确地提出消费不是受暂时性收入的影响而是受持久性收入影响的观点。人们会根据收入变动的性质仔细考虑某个长期当中的整个消费安排，在一个较长的时期中"拉平"他的消费，而不是"今朝有酒今朝醉"。举一个例子来说明，假设代表性消费者偶然间彩票中奖，发了一笔横财，那么他可能会增加消费，但并不会增加太多，更不会把这部分偶然所得全部花掉，而是会"细水长流"，留出一部分用于未来消费。原因就在于，他知道，人一生中能够中奖的机会可能只有这么一次，而不是永久性的。从这个意义上讲，当前收入中的暂时性收入所得其边际消费倾向很小或者近似于零，消费者只有确认收入的提高能够永久性地存在下去时才会提高自己的消费倾向。最后，将莫迪里安尼和弗里德曼的观点综合在一起，我们可以看到更为全面的理论观点，即影响消费的因素主要是人们拥有的财富和持久收入，两者共同决定消费者在其整个生命周期中的消费。这套假说在确定性条件下，从跨时效用最大化原则出发，揭示了消费者在生命周期中平滑消费的动机。

然而，持久收入水平与消费需求之间的关系并非止步于此，因为现实经济生活中充满了不确定性，代表性消费者很难确切地知道收入水平的变动究竟是永久性的还是暂时性的，这就需要我们引入理性预期的分析方法。借鉴霍尔理论可知，理性的消费者在做出选择之前会根据未来收入的现值总和的当期预期与上期预期的差额对持久收入的预期和消费进行调整，只有那些改变了预期的政策变动才会影响消费，否则即使政策变动没有被预期到，只要它们对于持久收入没有影响，代表性消费者的消费也不会发生改变。

引入不确定性因素之后，持久收入水平影响消费需求的作用大大弱化了，原因在于人们从不确定性的预期出发往往会具有预防性储蓄的倾向。所谓预防性储蓄指的是风险厌恶的消费者为预防未来不确定性导致的消费水平的急剧下降而进行的储蓄。利兰德将预防性储蓄定义为由未来不确定的劳动收入而引起的额外储蓄。[1] 它主要产生自三个方面的原因：一是作为理性的、居安思危的消费者，其偏好中往往存在谨慎动机，为了预防未来可能发生的意外与不测风云，他们具有储蓄倾向；二是现实的市场运行存在很多不完善的机制，借贷约束[2]时有发生，这便导致跨期借贷的有效手段缺乏，预防性储蓄得以发

---

[1] Leland, H. E., "Savings and Uncertainty: the Precautionary Demand for Saving", *Quarterly Journal of Economics*, Vol. 82, No. 2, June 2000, p. 32.

[2] 借贷约束又称为流动性约束，它指的是由于市场的不完善，消费者并不总是能获得意愿中的借贷数量。产生这种情况的原因是多方面的：一是消费者没有财富，不能将现有财富变现或难以将其抵押获得贷款；二是信贷市场存在信息不对称导致道德风险和逆向选择，使均衡的信贷利率高于信息对称情况；三是信贷市场不发达，消费信贷规模小，种类少；四是各国对破产和取消贷款抵押回赎权的规定不同，一般破产程序越严，取消贷款抵押回赎权的期限越长，放贷者对借款人资格的审查更严格。

生；三是经济环境中存在大量的不确定性，为了避免非确定性概率事件所引致的潜在不利影响，人们往往需要实施预防性储蓄。尽管如此，不确定性情况下的消费依旧依赖当前的与预期的收入水平、财富状况以及资产收益情况，只是当我们考虑持久性收入对消费需求的影响时，也要同样考虑未来收入稳定性的概率水平。

第四章　中国供给侧结构性改革对扩大消费需求的重要影响

　　2015 年 11 月 10 日召开的中央财经领导小组第十一次会议上，习近平总书记强调，中国在适度扩大总需求的同时，要着力加强供给侧结构性改革，着力提高供给体系的质量和效率，增强经济持续增长动力，推动中国社会生产力水平实现整体跃升。11 月 23 日，国务院印发《关于积极发挥新消费引领作用加快培育形成新供给新动力的指导意见》。中央高层对"供给侧改革"的频频表态，表明中央的经济工作思路已由重需求管理转变为供给、需求"两手抓"，甚至将更多的注意力转移到供给管理上来。在经济新常态阶段，促进经济增长的任务需要从投资与出口拉动向消费拉动转变，而消费需求作为人的基本需求，它必须建立在消费供给的基础之上，因此，通过"供给侧改革"来带动消费市场的上扬是新常态阶段中国经济发展道路的必然选择。

第一节　供给带动消费需求上涨的理论与现实依据

一　供给与需求的辩证关系

　　纵观经济学思想史，关于供给与需求的关系问题由来已久，从纯粹逻辑或动态演变的角度来看，供给与需求谁决定谁的争论无异于玩文字游戏，同讨论"鸡生蛋还是蛋生鸡"问题一样，永远无法得到非常完美的解答，因而显得毫无意义。但从历史角度来看，需求决定论与供给决定论总是与特定的社会经济条件相对应，交替地占据主导地位，并对人们的经济判断与政府的宏观调控政策产生重要影响。

20世纪30年代，资本主义世界爆发空前严重的经济危机，需求决定论以凯恩斯理论为载体登上主导舞台。在凯恩斯看来，萨伊定律揭示的"供给会自动创造需求"①的理论是站不住脚的，总供求总是处于非均衡的状态，"有效需求不足"是经济运行中的常态。他通过三大心理规律对这一结论进行了解释：一是边际消费倾向递减规律，它是指收入越增加，消费在收入中所占比重就越小，这是由人的天性或心理决定的，其结果必然引起消费需求不足。二是投资边际效率递减规律，它是指厂商增加投资时预期利润率是递减的，这种心理作用往往使资本家对未来缺乏信心，从而引起投资需求不足。三是人们对货币持有的流动性偏好规律，这一规律也被称为"流动性偏好"或"灵活偏好"，它是指由于货币具有使用上的灵活性，使人们宁肯以牺牲利息收入为代价，储存不生息的货币从而保持财富的心理倾向。②以这三大心理因素为理论基础，凯恩斯提出了"需求管理理论"，同时需求决定论便在第二次世界大战后受到学术界与政策制定者们的推崇，并大约保持了20年主导地位。然而，到了20世纪60年代末期，需求决定论逐渐受到挑战，资本主义世界出现了通货膨胀、失业、资源供给紧张、收入分配失调等多种并发症，凯恩斯的有效需求理论被认为不足以诊断如此错综复杂的病情。20世纪七八十年代，西方发达国家（以美国与英国为龙头）陷入经济增长停滞与通货膨胀并存的"滞胀"泥潭，凯恩斯主义的需求管理政策对此无能为力，这标志着需求决定论彻底站不稳脚跟，紧接着供给决定论开始重新受到关注，货币主义、供给学派的相继崛起就是最好的证明。货币主义的代表人物弗里德曼由此获得了诺贝尔经济学奖，而供给学派的代表人物费尔德斯坦和拉弗还成为"自30年代凯恩斯以来最迅速施展政治影响的

---

① ［法］萨伊：《政治经济学概论》，商务印书馆1963年版，第26—27页。
② 高鸿业主编：《西方经济学》（宏观部分），中国人民大学出版社2013年版，第25—27页。

经济学家"，供给学派的理论与政策成为80年代美国总统里根和英国首相撒切尔夫人经济政策的理论依据和核心内容。供给决定论的重新被重视挽救了80年代陷入危机中的美国、英国等发达国家，并对这些国家其后的发展产生了深远影响。

上述一段历史表明，需求决定论与供给决定论都有可能是正确的，前提是要有特定的经济历史条件。所以，抛开实际的经济运行来讨论究竟是供给决定需求还是需求决定供给没有任何意义，问题的关键在于分清经济运行中的主要矛盾，当供给成为主要矛盾时，供给决定需求将成主导，当需求成为主要矛盾时，需求决定供给将成主导。但无论如何，必须认识到的是，需求与供给是相辅相成、不可分割的两个部分，它们是彼此的支撑者。马克思曾用"生产与消费之间的关系"深刻地揭示供给与需求之间的相互依赖性。他认为，"要给需求和供给这两个概念下一个一般化的定义是何其困难的，因为它们好像只是同义反复"，一方面，"没有消费，就没有生产"，因为消费使生产达到目的，它使产品真正变成现实中的消费品，从而使生产具有持续进行的动力。另一方面，"没有生产，也就没有消费"，因为生产为消费提供了可以选择的对象，它决定了消费的方式，引起了消费者的需要，即"它生产出消费的对象、消费的方式和消费的动力"。此外，供给与需求的相互作用还表现在它们彼此的主动适应上面，一方面，供给会主动适应需求，因为供给要实现价值最终需要依靠对需求方向的捕捉，需求所发生的新动向必然带动供给向相应的方向发展，产业结构与技术工艺都会由需求带动着不断实现演变；另一方面，需求也会主动适应供给，供给可以创造新的需求，或者说是引领需求，因为如果新供给能够给人带来满足感的话，就会受到人们的喜爱，从而产生新的需求，人们需求的内容与结构会随着供给内容与结构的变化而发生相应的变化。

二　供给决定消费需求的理论基础

供给与需求是一对相辅相成的概念，但随着经济运行条件的变化，二者又会由于主要矛盾的变化而交替处于主导性位置。本书认为，中国作为社会主义国家，社会主要矛盾是人民日益增长的物质文化需要同落后的社会生产之间的矛盾，矛盾的主要方面是供给，因此，供给决定论应该能够发挥指导性作用。消费是需求的子集，供给决定需求也就意味着供给决定消费，这一结论不是偷换概念，而是有理论基础，本书主要从五个方面进行阐述。

（一）生产决定消费

生产决定消费是马克思主义经济学的基本原理，它经历了数百年的考验，其科学性是毋庸置疑的。"生产决定消费"也就代表了供给对消费的决定作用，它强调生产力水平的提高在经济发展中的支配地位与主导作用，正如马克思所说的："生产活动是实际的起点，因而也是居于支配地位的因素。消费，作为必需，作为需要，本身就是生产活动的一个内在要素。"①尽管消费对生产具有反作用，但我们只能说消费（需求）一般只是对生产（供给）构成影响，哪怕这种影响有时在一定的条件下是非常重要的。正如《中共中央关于经济体制改革的决定》中所指出的那样："按照马克思主义的基本原理，生产是整个经济活动的起点和居于支配地位的要素，它决定消费，而消费的增长又产生新的社会需求，开拓广阔的市场，成为促进生产发展的强大推动力，从这个意义上讲，消费又决定生产。"②由此可见，在经济增长与发展过程中，生产与消费之间存在互动关系，但是这种互动关系是非对称的，生产才是矛盾的主要方面。

（二）供给衍生消费需求

这指的是供给能够引导、创造、诱发或拓展消费需求。一方面，供给为消费提供物质基础。根据"唯物论"观点，如果没有可供消费的物品，那么就谈不上消费需求本身，因此供给是市场经济活动的"起点"，没有供给就没有消费；另一方面，购买欲望是由供给决定的。构成消费需求的因素包括两个方面：购买欲望与支付能力。在支付能力一定的情况下，能否形成消费需求的关键要看供给者提供的产品或服务是否能够激起消费者的购买欲望。而人的购买欲望并不是能

① 《马克思恩格斯选集》第二卷，人民出版社 1972 年版，第 97 页。
② 《中共中央关于经济体制改革的决定》，人民出版社 1984 年版，第 31 页。

够非常明确地加以辨识的，它经常受到情绪变化的影响，这种变化会通过特定的形式表现出来，这种形式即是"对供应流量做出的反应"。① 尤其是随着生产力的发展和经济水平的提高，人们最基本的需求得以大大满足，当大众需求日益变得盲目和不知所措，因而人们的消费支出越来越没有明确的方向性时，消费就需要供给来创造和引导，只有供给才能对需求形成启示，才能通过对需求的引导从而使需求具体化，为潜在需求向现实的转变开辟道路。

（三）供给为消费提供收入支持

构成消费需求的因素除了购买欲望外，还有一个便是支付能力，因此，经济学研究中所强调的消费需求是有支付能力的需求，即需求是收入的函数，它是以收入为前提基础的。而任何形式的收入最终都来源于生产要素的价格，表现为国民收入的分配。从要素回报角度来看，收入是要素所有者通过参与生产（供给）过程而获得的报酬，它来源于供给。从国民收入角度来看，收入是特定时期内社会所创造的所有财富的一部分，它也来源于供给。而从社会总的经济活动中来看，要素被投入到生产活动中从而有了产出，产出销售出去之后才有了对于要素投入的回报。换句话说，正是有了出售产品的投入才有了购买其他产品的需求。这意味着，从根本上讲，是供给决定了收入，从而最终决定了消费需求，没有供给消费需求也就无法实现。

（四）消费对供给的依赖性

这是由加尔布雷思在对"丰裕社会"的描述中提出来的，他认为，社会产品越来越丰富，需要也由需要所赖以满足的那个过程越来越多地产生出来。在消费领域，生产者可以通过广告、优惠等推销手段，继续积极地创造需求，消费因而开始依赖于产出。因此，生产者（无论是大型企业还是小型企业）在引起、形成和创造需要方面起着主要的作用，投资决策在决定消费者购买的数量和基本类型方面是关

① ［美］乔治·吉尔德：《财富与贫困》，上海译文出版社 1985 年版，第 45 页。

键性因素。① 虽然加尔布雷思后来夸大了供给的作用，把供给决定论推向了极端，完全否定了需求在经济活动运行中的作用，但他所揭示的"消费对供给的依赖效应"仍然是值得称道的。

（五）凯恩斯的刺激消费理论实际上与供给决定论如出一辙

凯恩斯否定了萨伊定律，认为有效需求不足是阻碍经济增长的症结所在，因此他提出刺激消费从而拉动需求的主张。但其刺激消费的政策与供给决定论又如出一辙，凯恩斯在《就业、利息与货币通论》中写道："就实际政策而论，我和这些学派不同之处只有一点：我觉得他们不免太着重于增加消费，而现在这个时候增加投资，对于社会还有诸多好处。就理论而言，他们可批评之处乃在于他们忽视了增加产量之道不止一个而有两个的道理。即使我们决定最好让资本慢慢增加，集中力量来增加消费，我们也应当放开目光，把别种办法仔细考虑以后再作此决定。……我也承认，最聪明的办法还是双管齐下，即一方面设法由社会来统制投资量，让资本之边际效率逐渐下降，同时用各种政策来增加消费倾向。在目前消费倾向之下，无论用什么方法来操纵投资，恐怕充分就业还是很难维持的，因此两策可以同时并用：增加投资的同时提高消费。"② 凯恩斯在此提出的投资虽然在他看来仍然属于需求的范畴（即对投资品的需求），但是投资的最终作用过程却必须体现在生产供给领域，投资所形成的生产能力的规模及效率对社会总供给能力有着决定性的影响，所以，投资亦是供给。这也就意味着，凯恩斯所提出的消费刺激政策必须要转移到供给的刺激与调整上来。

三 中国供给的现状：有效供给不足

从宏观上来看，中国市场供求状况呈现出看似矛盾的两个方面特征：

---

① ［美］加尔布雷思：《丰裕社会》，徐世平译，上海人民出版社1965年版，第67页。

② ［英］约翰·梅纳德·凯恩斯：《就业、利息和货币通论》，高鸿业译，商务印书馆1997年版，第81页。

（一）供给严重过剩

从产品供给上来看，自 20 世纪 90 年代中期以来，中国商品生产出现了严重的供给过剩，根据内贸部 1995 年以来公布的中国主要商品的供求资料显示，供过于求商品比例由 1995 年的 18.3% 上升到 2002 年的 86.3%。[①] 市场供过于求的商品种类越来越多，范围越来越广。不仅消费品还包括一些投资品乃至基础产品也相继出现供大于求的格局。从生产能力利用率上来看，中国自 20 世纪 90 年代开始出现了生产能力过剩，据第三次全国工业普查数据显示，中国工业消费品尤其是家电生产等行业出现了严重的生产能力过剩，其中半数行业生产能力利用率不足 60%，生产能力利用率在 50% 以下的产品有录像机、洗衣机、彩电、内燃机、汽车、油漆、金属切削机床，而小型电子计算机的生产能力利用率仅有 3.3%。另根据中科院胡鞍钢博士的计算，1998 年中国全社会闲置的生产能力达 17.99%，而按北京大学宋国青教授的计算，1978—1998 年中国潜在 GDP 年均增长 8.4%，1998 年实际生产水平为 4.4%，比潜在生产能力低 4 个百分点，生产能力的闲置比例达 47.6%。[②] 从要素供给角度来看，中国的资本、劳动等生产要素存在供给过剩。首先，中国城乡居民储蓄存款持续递增，这说明资本存在过剩的情况，如果把居民手中所持有的外汇、现金等考虑在内的话，闲置的资本存量还会更大。其次，中国面临严峻的失业问题，即劳动力供给存在过剩，虽然从官方的统计数字来看，中国目前的失业人口并不多，但是，如果把城市的隐性失业人口与农村的显性失业人口与潜在失业人口都统计在内的话，中国的综合失业人口将是规模非常巨大的。

（二）需求难以得到满足

在供给过剩的客观条件下，中国却仍存在部分需求难以得到满足的情况，最主要和最明显的表现便是中国居民海外消费的持续走高（关于这部分内容本章第二节还会有更详细的说明）。据《全球自由

---

① 数据来源于历年《经济日报》的相关统计数据。

② 周振华：《挑战过剩》，上海人民出版社 2000 年版，第 7 页。

行报告 2015》称，中国居民已经成为海外消费的最大群体。这说明，中国居民的消费需求仍然存在现有供给所难以满足的"真空地带"。

要对上述看似矛盾的现象进行合理的解释，就不得不提出"有效供给"概念。虽然目前国内外学术界对于"有效供给"概念尚无一致性意见，但本书认为在供求的语境里，"有效供给"应指的是与需求相匹配、市场能够出清的供给水平。因此，中国市场供求状况中所出现的"供给过剩"与"需求过剩"并存现象的根源就在于有效供给的不足。有效供给不足与总供给过剩可能同时出现，因为与有效供给不足相对应的无效供给过多自然会加剧总供给的过剩。同理，我们也可由此推导出"有效需求"概念，它指的是与供给相匹配、市场能够出清的需求水平。相应地，有效需求不足与总需求过剩也可能同时出现，因为与供给不匹配的需求过多就会造成总需求的过剩，这种过剩往往又是由于有效供给不足导致的。由此可以看出，有效需求不足与有效供给不足是一个问题的两个方面，在它们背后起决定作用的因素是供求结构的不匹配，而根源往往是供给没有跟上需求的步伐。所以，解决中国有效需求不足的问题从根源上讲就是要提高有效供给，而中国目前供给不足的领域主要集中在高质量供给、高端供给与个性化供给三个方面，要促进消费市场的上扬，就必须从这三个方面入手进行供给侧改革。

第二节　以产品质量提升增进消费信心

一般而言，人们对产品质量的关注度与生产力发展水平以及人民生活状况密切相关。[1] 生产力越发展，人民生活水平越高，产品质量问题就越会受到关注，市场就越会对产品质量提出较高的要求。对中国而言，改革开放政策极大地推动了生产力的发展与科学技术的进

---

① 郑红军：《中国产品质量研究的综观视角》，《学术研究》2007 年第 6 期。

步，伴随着社会主义市场经济体制改革目标的确定，中国各地市场不断呈现出繁荣景象，产品数量与品种与日俱增，人民生活水平逐渐提高。与此同时，人们对产品质量问题不断地提出高要求，尤其是到了20 世纪 90 年代中期以后，中国产品市场上出现了一般性商品相对过剩的情况，这就在客观上为消费者选择高质量产品提供了激励条件。然而，中国当前的实际情况是：生产领域产品质量未实现完全达标，假冒伪劣产品现象依然存在；消费领域产品售后服务质量有待加强，消费者投诉屡见不鲜；产品环境质量备受关注，企业绿色经营理念尚未形成。由此带来的直接后果是，广大消费者失去了对国内产品的信心，消费需求不足。为此，必须通过各种途径提高产品质量，重塑消费信心。

一　产品质量的内涵

关于产品质量的内涵，学术界目前尚未达成一致意见。美国是当今世界最为发达的国家，其产品质量处于领先地位，美国学术界一向提倡自由与和谐，其浓厚的学术气氛造就了一批优秀的质量管理大师，如 J. M. 朱兰、阿曼德·费根堡姆、菲利普·克劳士比、哈林顿、休哈特等，这些学术大师把产品质量的内涵定位为产品的适用性，即产品能够成功地完成用户使用目标的程度。[1] 战后的日本积极引进了美国全面质量管理的思想，把质量第一放在了企业生产的战略高度，日本学者在美国学者的基础上，数量化了产品质量的概念，认为产品质量就是产品步入流通领域后给其用户带来的损益。[2] 法国的质量管理实践中一直奉行的是"以产品质量赢得竞争优势"的方针，法国学者给产品质量下的定义为："产品质量应是满足用户的需要或是在满足用户的要求方面超过自己的竞争对手。"[3] 德国的制造业相当发达，主要源自其企业和员工都有重视产品质量的历史传统，该国学者把产品质量定义为通过强调设计和制造过程的工艺来使产品满足使用目的

---

① 赵明铎：《中美产品质量管理分析》，《现代商贸工业》2010 年第 20 期。
② 郭子雪：《美、日两国产品质量管理特点及启示》，《经济纵横》2003 年第 12 期。
③ 郑红军：《中国产品质量研究的综观视角》，《学术研究》2007 年第 6 期。

的合格程度。① 从以上情况可以看出,发达国家学术界给产品质量下的定义各有不同,但也不乏共通之处,即各国都认为产品质量与市场需求密不可分。

相比之下,中国学者对于产品质量内涵的认识经历了一个从浅到深、从封闭到开放、从被动到主动的过程。最初的产品质量概念比较泛化,直接被定义为产品的好坏,后来经过专家学者的深入研究分析,逐步从用途与特性②(于光远,1992)、不包括产品功能损失的社会损益(戴克商,1998)、适用性③(宋力刚,1999)、形体和附加利益④(王绍辉和陈名文,1999)、自然与效用⑤(黄宗遵,2000)、绩效与吻合⑥(刘跃武,2005)、生态安全性⑦(林丕,2002)等角度全方位地认识产品质量的内涵。

随着市场经济不断向前发展,人们对于产品质量内涵的认识也需要不断更新,并从更加综合性的视角对产品质量的概念进行界定。实际上,在市场经济条件下,产品质量早已超出其本身的使用价值,成为一个整体性的概念。这种整体性,从广度看主要涉及战略、价格、成本、生产率、服务、人力资源、能源、文化、法制、科技、政治体制、环境等因素,从深度上看,则主要与产品的设计、生产制造、销售、消费、报废、再设计、改进等环节息息相关。具体而言,产品质量的整体性表现为三个方面的统一⑧:

第一,产品质量是内在质量与外在质量的统一。产品的内在质量指的是产品的性能、用途、品种、寿命、安全性、可靠性与经济性等

---

① 王岳平:《德国提升制造业产品质量的做法及对中国的启示与借鉴》,《经济研究参考》2012 年第 51 期。

② 于光远主编:《经济学大辞典》,上海辞书出版社 1992 年版,第 842 页。

③ 宋力刚:《论质量与效益》,中国质量管理委员会,1999 年,第 94—95 页。

④ 王绍辉、陈名文:《树立科学的名牌质量观》,《经济与管理》1999 年第 11 期。

⑤ 黄宗遵:《再谈产品的质和量》,《经济日报》2000 年 10 月 10 日。

⑥ 刘跃武:《对提高名牌质量的深层次认识》,《科学咨询(决策管理)》2005 年第 11 期。

⑦ 林丕:《论产品质量概念的历史性转变——兼论企业的绿色经营问题》,《北京行政学院学报》2002 年第 5 期。

⑧ 郑红军:《中国产品质量研究的综观视角》,《学术研究》2007 年第 6 期。

能够满足用户需要或为其顾客提供利益与效用的价值，与商品的使用价值同属一个范畴。产品的外在质量则指的是产品的包装、外观、造型、商标、品牌、独特设计等虽不能给顾客带来使用价值但却能够给其用户带来某种心理上的愉悦感与满足感的东西，它是产品内在质量的表现形式。

第二，产品质量是实体产品质量与延伸产品质量的统一。在这里，实体产品质量指的是产品本身能够满足消费需求的实用性，它可等同于产品的内在质量。而延伸产品质量则是指脱离了产品实体而存在的附加地提供给顾客的一系列价值，最为常见的便是产品的售后服务，包括产品的维修、保证、运送、零配件供应等。一般来说，产品的售后服务越周到，反映出该产品的质量就越高，就越容易得到消费者的青睐。

第三，产品质量还是个别产品质量与全部产品质量的统一。前面所述的产品质量都是针对个别产品角度而言的，然而，国内外任何企业生产与质量管理的实践都表明，企业个别产品质量的提高不是因为某一方面或某个环节的出类拔萃，而是要依靠企业综合实力的提升，只有在人才、技术、资金、制度与管理等各个方面都拥有强大的力量支持时，企业才能真正创造优质产品。所以，产品质量的内涵针对的并非仅仅是个别产品，而是包括全部产品在内的整体质量。

此外，关于产品质量的内涵，我们除要从整体性上进行把握外，还需要理解产品质量的相对性特征以及时代赋予其历史性内涵。产品质量的相对性是指产品质量的高低是相对于消费者的需求而言的，产品质量提高需要以符合消费者有支付能力的需求为目标，消费者满意是判断产品质量好坏的最高标准。产品质量的历史性内涵是随着时代发展而处于不断变化之中的，例如，在全球生态危机日趋严重和绿色经济迅速兴起的新时代，产品质量的内涵中就具有了生态安全要求的色彩，即产品质量的范围由产品实体质量向实体与环境两种质量拓展，生态安全成为决定产品质量的重要因素。总之，产品质量是一个具有整体性、相对性以及历史性的概念，但无论从哪个角度来说，产品质量提高的最终目的都是为了满足消费者的需要。

二 中国当前产品质量的现状

总体而言，中国产品质量水平有了很大的提高，部分产品的质量和性能已达到或接近国际先进水平。突出表现在创造和保持了一批信誉高、受国内外市场欢迎的名牌产品。例如，珠宝行业的著名国内品牌有周大福、周生生、NASA 奈莎珠宝、戴梦德等，服装方面的国内著名品牌有运动服饰的李宁，其他服装的九牧王、红豆、才子等，网络方面的有百度、腾讯、新浪、阿里巴巴、淘宝、搜狐、网易等，鞋业著名国内品牌有百丽、康奈、红蜻蜓、金利来等。然而，与国际先进水平相比，中国产品的总体质量水平还有较大的进步空间，许多产品档次低、质量差，抽查合格率较低，假冒伪劣商品屡禁不止，优难胜、劣难汰相当普遍，重大质量事故时有发生，不符合国家绿色、低碳经济发展要求的产品大量存在，对经济健康发展和人民生活质量的提高影响甚大。总之，中国产品质量与国外相比还有较大距离。存在的问题主要表现在以下几个方面：

（一）生产领域产品质量未实现完全达标，假冒伪劣产品现象依然存在

中国产品质量与国际市场的差距首先体现在生产领域产品质量的合格率与优等品率上。国家质量监督检验检疫总局每年都会对产品质量的合格率进行抽样调查，并统计得出不同地区产品质量的总体情况。根据表 4-1 及其趋势（见图 4-1）所反映出来的情况可以看出，1986 年至今，中国生产领域产品质量平均抽样合格率虽然处于一种上升的趋势，由 1986 年的 71.3% 上升到 2015 年的 91.1%，并且自 2007 年开始抽样合格率的增长速度不断加快，但这与发达国家 98% 的合格率相比还差很远，不合格产品仍然存在，近十年来的平均不合格率仍在 10% 徘徊，与世界上工业发达国家优秀企业可以接受的不合格水平（一般为 2‰—3‰）还具有相当大的差距。可以说，中国的某些角落仍然存在大量的 "隐形工厂" 在不断地生产着废品、残次品、返修品等不合格产品，生产领域的产品质量问题未能实现完全达标。

表 4 - 1　1986—2015 年生产领域全国产品质量平均抽样合格率情况

年份	1986	1987	1988	1989	1990	1991	1992	1993	1994	1995
合格率（%）	71.3	77.8	76.6	75.4	76.6	80.2	70.5	70.2	71.6	75.4
年份	1996	1997	1998	1999	2000	2001	2002	2003	2004	2005
合格率（%）	77.2	78.3	77.8	78.6	78.9	77.2	79.4	78.4	76.9	79.9
年份	2006	2007	2008	2009	2010	2011	2012	2013	2014	2015
合格率（%）	77.4	81.4	84.9	86.3	87.6	87.5	89.8	88.9	92.3	91.1

资料来源：各年的生产领域全国产品质量平均抽样合格率均从国家质量监督检验检疫总局历年质量公报中计算、整理而得。其中，1986—2006 年的平均抽样合格率直接从各年公报中获得，2007—2010 年平均抽样合格率是通过计算而得，2011—2015 年的数据通过 2016 年发布的"质检总局关于公布 2015 年国家监督抽查产品质量状况的公告"直接获得。

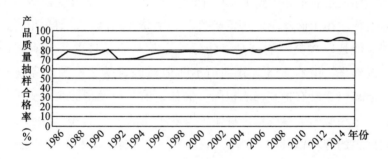

图 4 - 1　1986—2015 年全国产品质量平均抽样合格率趋势

资料来源：根据表 1 数据绘制而成。

　　中国产品质量方面存在的差距通过国家统计局发布的关于产品质量等级品率的数据也可以体现出来。如表 4 - 2 所示，中国产品质量优等品率在近十年来由 39% 上升到了 75.03%，虽然上升速度比较显著但却分别在 2010 年与 2014 年出现了两次大的回落，这说明中国生产领域产品品质还不稳定，既具有提高的潜力，又具有瞬间走低的风险。与此同时，与发达国家市场上平均 74% 的优质品率相比，中国产品中的优等品数量还具有较大差距。

表 4 - 2　　　　　　　2005—2014 年全国产品质量优等品率情况

年份	2005	2006	2007	2008	2009	2010	2011	2012	2013	2014
优等品率（%）	39	50.41	48.46	54.59	58.42	70.75	57.64	53.37	75.03	68.19

资料来源：各年的产品质量优等品率均按照国家统计局公布的产品质量等级品率情况整理而得。

不仅如此，中国的假冒伪劣产品现象还经常出现，每年都会给广大消费者带来大量的经济利益损失与身体健康伤害，已经构成社会的一大公害。从本质上说，假冒产品现象指的是不法商家使用不真实的产品信息误导消费者，使其相信该产品即为正版产品，以次充好从而获得不正当经济利益的现象；而伪劣产品现象则指的是不法商家将质量不达标甚至有危害的产品卖给消费者的现象，而能够使消费者上当的因素往往在于商家用"超低价格"作为诱饵。因此，简单地说，假冒产品就是以次充好的产品，伪劣产品就是质量极差甚至有害的产品。近年来，虽然质量监管部门不断地对假冒伪劣产品现象进行打击，但却仍然没有将其彻底根除。例如，前几年发现的至今仍然存在的，通过相似的名称或标志混淆消费者视线的"伪名牌"现象。吵得比较厉害的有"六神""云神"花露水，"雕牌""周住牌"透明皂，"铃木""本铃"摩托车等。这些企业往往借助与名牌产品相似的名称混淆视听从而达到暴利目的。又如，假冒行为更为直接的，伪造正规名牌产品的名称与标志的"冒牌"现象，大街上随处可见的耐克、LV 皮包等是这一现象的显著实例。再如，使用明令禁止的甚至是对人体有害的原料进行生产的伪劣现象，近年来，影响比较大的有"三鹿奶粉"事件、苏丹红事件等，这些现象中的肇事企业为了节约成本使用对人有害的物质进行产品生产，最为人所不齿。总之，假冒伪劣产品的存在给中国产品质量问题增添了"浓墨重彩"的一笔。

（二）消费领域产品售后服务质量有待加强，消费者投诉屡见不鲜

依据产品质量的内涵，除产品的使用性能外，产品售出后的服务质量也是体现产品质量的重要内容。进入了消费领域后，产品被消费者购买回去，厂家一般需要在一定的时期内提供保修、包换与包退的

"三包"服务。中国的实际情况是，虽然"三包"服务在各类产品中都有提供，但其服务质量却不尽如人意，常常受到消费者投诉。据全国质量技监系统产品质量申诉处理情况显示，近年来，消费者申诉案例居高不下，高端消费品的售后服务仍居投诉前列。申诉处理的热点主要集中在手机、电脑、轿车与电动自行车上面。以电动自行车投诉案件为例，其售后服务质量引起了消费者的极大不满（见资料1）。目前，对电动自行车的投诉主要集中在电池充电不足、用不了多久就无法充电、厂家不保修等问题上，电池寿命长短已经成为消费者衡量电动车质量优劣的主要因素。在电池保修的售后服务方面，其服务质量着实令人担忧。据从市场调查回来的情况分析，有的电动车售后服务人员既没有电池维修的专业知识，也没有相关的专业检测设备，对在"三包"期内出现故障的电池通常只加一些电解液就算维护过了。可消费者的车子骑了没几天，电池的老毛病就会又犯，商家照例是加一些电解液给予搪塞。几个回合下来，电池的"三包"期已过，商家就要消费者掏腰包买新电池更换了。有的商家对电池质量问题干脆不认账，以消费者人为损坏为由，把责任向消费者身上一推了之。更有甚者，有些商家答应给消费者更换新电池，却用半旧的电池糊弄消费者。暗地里，他们以消费者更换新电池的名义向厂家索要新电池，坐享其利，消费者因此做了"冤大头"。诸如此类现象在中国的消费品市场屡见不鲜，除了电动自行车外，还有一些家用电器如净饮机、热水器、洗衣机等产品的售后服务存在同样的服务质量不高问题。这些现象的存在使中国产品的总体质量大打折扣。

资料

狂奔之后应该"稳一稳"了

——电动自行车产品质量和售后服务质量投诉热点分析

近年来，随着国内电动自行车市场的不断发展，越来越多的消费者开始选择电动自行车作为代步工具。然而，在电动自行车热销的同时，有关电动自行车的质量投诉也水涨船高，到底制约电动自行车发展的障碍在哪里呢？

问题1：超重又超速

2011年11月11日，上海市松江区一路口，一名男子骑着一辆无牌无证的电动自行车在路口左转弯时，与一辆直行的大货车发生碰撞，该男子被撞倒在地，因伤势过重当日死亡。相关检测机构对该男子所骑电动自行车进行了鉴定，发现该车采用踏板式车身结构，后轮安装有一台电动机作为驱动装置，未配备脚蹬装置，不可实现人力驱动，车速表设置最高车速指示为70千米/小时，车结构及相关技术参数不符合《电动自行车通用技术条件》中规定的电动自行车的定义及技术要求，属于超标电动自行车。

而根据国家《电动自行车通用技术条件》规定，电动自行车最大速度在20千米/小时，整车重量不大于40千克。标准对刹车距离、轮胎宽度也都作了相关规定，同时，要求电动车要有脚踏行驶功能，30分钟内脚踏骑行距离不小于7千米。不过，目前市面上出售的电动车90%都存在超速、超重的情况，剪限速线、拆踏脚板、升级电瓶……消费者在购买电动自行车时，往往偏爱速度快、轮胎宽、载重量大的产品。但是，超速、超宽、超重的电动自行车，直接带来的后果是刹车距离增大、制动性能下降，存在较大的安全隐患。

问题2：电池充电不足

湖南的消费者王先生是做建筑工程设计的，每天都要奔波于各个工地之间，为了节约时间，他购买了一辆号称充满电能跑80千米的电动自行车。但很快他就发现，自己的电动自行车充完电顶多只能跑40千米，经常是早上骑着车出门，晚上推着车回家。更让王先生气愤的是，自己朋友的电动车电池容量和自己的是一样的，充满电却能跑70多千米。商家对此的解释是，不同车型耗电量也不同。

然而，据专家分析，一般来说，电动自行车的电池必须由专业的电池生产厂生产，但是不同品牌、不同厂家生产的电池质量参差不齐，价格也有高低之分。一些厂家打起了价格战，在生产环节中偷工减料，采用低价购进的劣质电池组装电动自行车，使消费者购车之后麻烦不断。

问题3：保修承诺全凭说

内蒙古鄂尔多斯市的乔先生于2011年8月购买了一辆电动自行车，销售人员承诺"一年保修，终身维修"。在使用不到3个月的时候，乔先生发现电动自行车经常出现自动断电的情况，尤其是启动加速时，车辆经常突然失去牵引力。可是，当乔先生找到商家的时候，商家却表示这个不属于保修范围，在交涉之后，商家也只是做了简单的修理，原本自动断电的情况仍然时不时出现。

据统计，电动自行车最容易出现故障的零件分别是电池、电机、电机线、控制器等，不同的生产厂家对这些零件的保修日期和范围是不同的。因此，消费者在购买之前一定要了解清楚，仔细查看所购车辆说明书，不能只听销售人员的一面之词。

资料来源：《电动自行车产品质量和售后服务质量投诉热点分析》，中国质量新闻网，2012年3月15日。

（三）产品环境质量备受关注，生态环保观念需引起企业重视

近些年来，中国生态环境质量问题不断受到关注，十届全国人大四次会议通过的《中华人民共和国国民经济和社会发展第十一个五年规划纲要》还特别提出了中国重点流域与重点区域的生态环境问题。这是与中国产品生产对环境的破坏情况密切相关的。前已述及，产品质量的内涵中包括生态安全因素（本书将其称为"产品生态质量或环境质量"），产品生态质量低下意味着企业生产过程中产生了很多对生态环境具有破坏性影响、威胁人类身体健康，并且不利于人口、资源、环境与经济协调发展的负面因素，如下事实证明了中国产品生态

质量有待加强的紧迫性。

事实一，从水环境来看，中国当前地表水的污染依然严重，七大水系水质总体为中度污染，湖泊富营养化问题突出，近岸海域水质总体为轻度污染。2010 年中国地表水 746 个国控断面，Ⅰ类到Ⅲ类水的比例为 47.7%，Ⅴ类或劣Ⅴ类水占 23%，且人口密集地区作为饮用水源的水体环境质量没有得到显著改善。[①]

事实二，从空气质量上来看，中国部分城市空气污染仍然较重，重点城市未达到空气质量二级标准的比例较高，城市空气质量优良率天数没有很大的提高。[②]

事实三，农村环境问题日益突出，生活污染加剧，面源污染加重，工矿污染凸显，饮水安全存在隐患，农村环境呈现出"小污易成大污、小污已成大害"的局面。[③] 据调查，辽宁省朝阳市朝阳县六家子镇上的一个农村，农户家里十年前甘甜可口的井饮用水如今已变得又涩又苦。

事实四，中国依然是一个"缺林少绿"的国家，全国荒漠化土地面积仍高达 263.62 万平方千米，森林覆盖率仍未达到世界平均水平。[④]

另外，值得警惕的是，在中国人群总体健康水平显著提高的大背景下，"十一五"期间，一些与环境污染相关的疾病的死亡率或患病率出现了持续上升趋势。从与已知历史情况的比对中可以发现，中国已进入环境污染导致健康损害高发期——既有突发性环境污染事故导致的健康损害（如陕西凤翔血铅污染事件、湖南浏阳镉污染事件），

---

① 曾霞、彭舒凌：《区域水资源生态环境现状及优化策略研究》，《科技进步与对策》2015 年第 32 期。

② 中国"减排"工作在空气污染方面主要针对二氧化碳，这个工作已初见成效，但全国酸雨分布区域保持稳定，城市酸雨发生频率下降幅度不大，这种情况一定程度上是因为中国酸雨的类型已经从硫酸型向硫酸和硝酸复合型转化，而 NO_x 并未并列为"减排"工作目标所致。同理，城市空气环境质量尤其是能见度等没有显著提高，也是因为与能见度以及人体健康关系密切的细颗粒物（PM2.5）没有被列为环境监测和治理项目所致。

③ 郝倩：《中国农村生态环境现状及其恶化成因分析》，《农业考察》2011 年第 6 期。

④ 国务院发展研究中心"十二五"规划研究课题组：《中国生态环境现状及其"十二五"期间的战略取向》，《改革》2010 年第 2 期。

也有慢性累积效应导致的健康损害（如农村局部地区癌症高发、某些省份婴儿出生缺陷发生率有所上升等）。环境与健康问题如果不能及时处理好，将成为影响经济、社会持续和稳定发展的重要危险因素，环保的成果也可能一损俱损。[①]

三 中国产品质量低对消费需求的不良影响

根据现代西方经济学中的消费理论，影响消费需求的因素主要包括个人可支配收入水平、商品本身价格及其他商品的价格、消费者偏好、消费者预期等，产品质量问题可以通过上述几个方面对消费需求产生影响，一般而言，产品质量低下会产生对消费需求的抑制性作用，主要体现在：

（一）产品质量不理想会通过降低个人可支配收入水平对消费需求产生抑制性作用

首先，产品质量差会削弱消费者对国货的认同感，削弱企业在国内外市场上的竞争力，降低企业的生产性经营收入从而抑制企业的生产性消费，职工的收入与消费水平相应地也会降低。

其次，对于单个企业来说，产品质量低下，残次品率高，容易增加企业的生产经营成本，降低企业的投入产出比，从而导致企业由于生产效率低下而出现盈利空间的不足，进而导致工人收入水平难以提高，消费需求难以扩大。

再次，对于整个产业来说，上游产品的质量优劣，会直接波及下游产业。中国企业的能耗、废品率、次品率高于发达国家，部分原因在于使用的机器、设备、零配件、原材料的质量要差于发达国家。产业间关联效应容易形成供给质量低下的恶性循环，供给质量低下的不良影响加倍。

最后，产品质量直接关系着企业的生死存亡，关系着企业利润空间的大小，进而影响工人的可支配收入水平，对消费需求产生巨大影响。

---

① 熊跃辉：《加强环境与健康工作是环境管理战略转型的必然趋势》，《环境保护》2014 年第 23 期。

（二）产品质量低劣会增加消费者的购买成本，增加商品本身的价格水平，因而抑制消费需求

"物美价廉"是消费者购物的最理想状态，而当消费者面对各种"物不美价不廉"的商品时，必然会产生强烈的利益损失感，这种"利益损失"是由各种购买成本组成的。

首先，如果总体产品中存在数量不菲的不合格产品，加之法制不完善，管理部门执法不严，那么，在信息不对称、检验能力弱的条件下，消费者便会产生对"买到假货、劣货"的担心与恐惧，于是增加其心理负担和精神成本。

其次，为尽量避免假货、劣货，消费者在购物时通常要花更多时间和精力获取相关产品的信息，货比三家，这便加大了消费者的时间和精力成本。

再次，当消费者买到了假冒伪劣产品，又无法及时找商家或厂家退货、换货时，直接造成了财产损失，这便增加了居民消费的资金成本。

最后，为避免买到有毒、有害的产品，消费者会用风险小、效用小的产品替代风险大、效用大的产品，从而产生强制替代成本，形成效用损失。

诸如此类的购买成本，间接地增加了商品本身的价格水平，从而直接地产生了抑制消费需求的作用。此外，这些本可避免的无谓的购买成本还会造成社会财富的巨额损失和浪费。这些损失和浪费转而又会减少人们的收入，降低了居民的消费能力。

（三）产品质量缺乏保证，会给人们带来不确定性，影响其消费支出预期，加剧了居民紧缩消费、增加储蓄的心理，使居民具有更高的储蓄倾向，从而抑制消费需求

产品质量差，直接降低了产品的价值，使居民普遍感到物超所值，所拥有的实物资产缩水，影响到了财富的积累，制约了人们的后续购买力。这些因素都会增强居民对收支和自身购买力的不确定性预

期，抑制其消费需求。①

（四）产品质量低下会影响居民的消费偏好，进而抑制消费需求

以产品环境（生态）质量为例，在如今"生态安全"越来越成为产品开发首要考虑因素的时代，人们越来越倾向于购买那些既能确保生态安全，又具有较高使用价值的产品（学术界称其为"绿色产品"）。在此背景下，一批批外国的绿色产品涌入中国市场，排挤着中国的非绿色产品，抢占着中国企业的国内市场，这种冲击在中国加入世界贸易组织之后已变得日益剧烈。一些发达国家由于质量观念的转变和企业绿色经营的启动均较早，他们的大批产品已获得了国际权威机构的绿色认证，成为竞争力较强的绿色产品，而中国的企业由于质量观念陈旧、绿色经营落后，迄今获得绿色认证的产品还很少，难以与外国的产品抗衡。这种市场形势表明，绿色贸易壁垒在中国已经形成，中国居民的"绿色消费"偏好②将会导致现有非绿色产品消费的减少。广大消费者日益强烈的生态安全意识与国内产品生态质量不高的现实形成鲜明对比，这种状况如果不加以改变，中国消费需求的扩大会进一步受阻。

在上述几个方面共同作用下，中国产品的消费需求不断下降。由产品质量问题而带来的直接后果是：消费者逐渐丧失对中国产品的信心，越来越青睐洋货，从而使国内产品备受冷遇。现如今，中国消费者购物的一般选择是，优先购买进口产品，次优购买国外品牌在国内生产的产品，最后才选择正宗的国货。例如，在作为工业体系的核心和基础的装备制造业，进口装备在国内中高端市场的占有率，已从1978 年的 1/3 提高到现在的 3/4 左右，占 GDP 的 10% 以上。之所以如此，很大一部分原因在于国产设备的质量不高，比先进国家的产品在加工精度、可靠性和维护等方面还有较大差距。这种差距造成了国内用户对国产装备信任度较差，而偏好于少买或不买国货的局面。近

---

① 樊哲银：《提高产品质量是扩大内需的基础性工作》，《特区经济》2007 年第 6 期。

② 2001 年，我国在全国范围内开展了"绿色消费年"活动，广大消费者的生态安全意识日益强烈，形成了对我国企业的又一股绿色冲击波。转引自林丕《论产品质量概念的历史性转变——兼论企业的绿色经营问题》，《北京行政学院学报》2002 年第 5 期。

些年来，各种合资企业不断增多，其产品在国内市场上也畅销无阻，除各地方政府的优惠政策原因外，部分原因还在于消费者热衷于购买国外品牌的产品。尽管进口产品、国外品牌的产品也存在质量不合格现象，但进口产品、国外品牌的产品质量过硬早已被消费者所接受，产品质量是消费者购物时的主要参考指标。又如，在经济高速发展与人民收入水平不断提高的今天，中国居民海外购物的热情不断膨胀。尤其是到了旅游旺季，有关"中国居民在海外疯狂抢购"的报道经常见之于国内外各大媒体。《全球自由行报告 2015》（以下简称报告）调查资料显示，2015 年中国自由行出境人次达到 8000 万，平均消费11624 元，同比增长 24.1%。与过去中国人的游山玩水、鉴赏名胜古迹完全不同的是，旅游还有一个重要的含义就是"疯狂购物"。报告称，购物在中国"自由行"游客中占比最大，比例超过一半达55.8%。也就是说，超过五成的花费都用在"疯狂购物"上。先以日本为例，日本观光厅统计显示，2015 年中国游客在日消费额占全部访日游客消费总额的四成，中国游客在日人均消费额为 28.38 万日元（约合 1.6 万元人民币），比其他地区游客在日人均消费多 10 万日元（约合 5590 元人民币），位居榜首。再以韩国为例，据央视新闻援引韩国观光公社统计数据，去年赴韩中国游客平均每人消费金额约为14283 元人民币，超过其他国家赴韩游客平均消费额的 1 倍以上。2015 年，中国游客在住宿、交通、购物等方面，给韩国带来的综合经济效益为 220 亿美元。中国人的"海外购物潮"也不仅限于亚洲各国，欧美国家也同样感受到了中国游客的强大购买力。巴黎去年 11月遭遇连环恐怖袭击后，许多当地人听从内政部警告，闭门不出。而中国游客"扫货"的热情完全没有减少。"恐袭"后一周，在巴黎一条购物街上，接送中国游客的巴士接连不断。当地店员说，"恐袭"后九成顾客是中国人。① 如此种种表明，中国产品质量频频出现问题已经在中国消费者心中形成了非常不好的印象，进而为国外产品、国

---

① 《中国消费者为啥热衷于海外购物呢？》，http：//mt. sohu. com/20160125/n4358568
81. shtml，2016 年 1 月 25 日。

外品牌提供了大好的销售机会。因此，提高产品质量，重塑消费信心，成为中国未来扩大消费需求的艰巨任务。

四　中国提高产品质量的途径

造成产品质量不佳的原因是多方面的，涉及技术、加工、质量意识、检测标准等诸多环节，因此，应采取多种措施来共同推动产品质量的提高，其重点途径主要包括人才、技术、制度与文化四大方面。

（一）技术途径

通过技术进步来促进产品质量的提升。这是因为，对于一个企业来讲，其产品质量的高低与优劣在很大程度上取决于自身技术工艺装备水平和产品的更新换代速度。采用先进的生产设备，提高企业的装备技术水平和工艺水平，采用新技术、发展新品种，这是提高产品质量的根本途径。一个企业追求技术进步，通过技术引进、技术改造以及技术开发，使其拥有领先同行的先进工艺手段，就为其开发新产品、提高产品质量奠定了物质基础。现实的企业质量竞争，在一定程度上与其说是产品性能指标的竞争，倒不如说是企业间的工艺技术水平和管理水平的竞争。[1] 因此，我们必须充分利用科学技术来提高产品质量水平，企业既要充分利用先进、适用、有效的技术更新改造设备，改善工艺，注意从设计、加工、原材料和零配件采购的每一道环节提升产品质量，也要培训和鼓励职工紧跟技术进步的步伐，在工作中不断改进加工方法和配方，优化工艺流程，发明制作技巧，简化作业程序，以使产品质量在技术进步的前提下进一步得到提升。[2]

（二）人才途径

要大力发展职业技术教育，培育高水平的熟练工人队伍。许多产品质量不佳，并非仅仅是技术上不过关，而是因为我们的企业职工在加工过程中技术不熟练或对质量的认识不够深刻所致。应提倡在既有技术条件下，通过职工队伍建设来提高产品质量，最主要就是要大力发展职业技术教育，可以通过学校企业双轨教育和培养模式，建成高

① 郑永钦：《论技术进步与提高产品质量》，《科企论坛》1995 年第 4 期。
② 樊哲银：《提高产品质量是扩大内需的基础性工作》，《特区经济》2007 年第 6 期。

素质职工队伍。首先，要实施适当的培训策略，加强对职工的培训，并引导其不断学习，使终身学习和以工场为基础的持续职业发展制度化、常态化。其次，要加强企业信息技术培训，提升教师、管理人员、技术人员的信息技术应用能力，要通过现代化的教学内容和教学手段，使员工都能接受高质量的职业教育。再次，可以启动实施"国家示范性职业学校数字化资源共建共享"工程，引导鼓励高职、中职示范学校参与建设，形成一批网络课程、虚拟仿真实训平台等成果。最后，适应需求，重视应用，应瞄准国际先进技术和管理方式，改革中国职业教育内容，提升职业教育服务未来产业发展的能力。与此同时，可以大力推进"双师型"教师队伍建设，即职业院校可按照教师职务任职资格，招聘社会上专业技术人员、能工巧匠来校担任专兼职教师，增加"双师型"比例，不断提高教师的职业能力和专业素养，以适应未来产业发展的需求。①

（三）制度途径

构建市场、政府与社会共同治理质量问题的制度模式，通过改革标准化体制、完善法律制度、健全监督约束机制等方面共同促进产品质量提升。在产品质量检测标准化体制建设方面，企业要实行更严格的质量标准和产品检验制度，以生产出更好的产品面对消费者。综观世界知名的大企业，其产品质量标准都要比国际标准、国内标准严格得多。如果一个企业停留于一般标准而没有自己内部的更高层次的检验标准，那么这些产品即使在出厂时合格，在销售与使用时也不一定能经得起实践的检验。同时，随着技术的进步、生活水平的提高，国家应不断地提升技术标准，以使企业不断根据升级的标准进行生产和加工。在法律制度方面，中国的产品责任法律制度体系以《产品质量法》为主体，在执行的过程中存在很多不足，如法律规定不完善、惩罚力度不够、产品责任承担范围中未纳入精神赔偿、政府承担的责任不够等方面，为此，要提高产品质量，还需从法律制约角度给予外部

---

① 李金华：《德国"工业4.0"背景下中国制造强国的六大行动路径》，《南京社会科学》2016年第1期。

强制性激励，可以实施的措施有：制定独立的产品责任法、扩大产品质量责任的赔偿范围、加大对违法行为的制裁力度、建立政府关于产品责任的行政问责机制等。在产品质量的监督约束机制方面，除了法律制度的完善外，还需要从产品质量监督检查制度、缺陷（不合格）产品召回制度、调动全社会力量实施监督等制度方面下功夫。① 可以实施的措施有：完善产品抽查制度，派遣产品质量监督专员，从生产到流通环节进行全程的跟踪监察；建立产品抽查信息数据库，为国家掌握各个行业的产品质量情况提供详细依据；完善抽检分离制度，避免权力"寻租"和群体利益的干扰；制定缺陷产品召回方面的具体规定，包括召回原则、对象、主体、程序、法律责任等；健全个人监督、社会监督与行政监督的全方位监督机制，调动民众打假与找假的积极性，使广大民众成为产品质量监督的主要力量。

（四）文化途径

要树立大质量意识，塑造"质量第一"的生产、经营、工作与消费理念。在德国，制造业已形成一种文化，其核心是标准主义、完美主义、精准主义、守序主义、专注主义、实用主义和信用主义。② 这一文化的内涵无不是围绕着产品质量问题展开的。实践证明，良好的文化氛围对于德国产品质量的提高具有积极的促进作用，为此，中国要注重企业、职工以及消费者关注产品质量提高的文化氛围培养。对于企业来说，要树立高质量意识，把提高产品质量真正看作是企业核心竞争力的代表，只有质量意识高的企业，才会拿出品质过硬、质量优秀的产品。同时，国内企业还要适应"绿色经济"发展趋势，把产品生态质量纳入质量体系中去，塑造"绿色经营"理念。对于职工而言，要具有敬业精神，克服浮躁心理，将又好又快发展经济的思想融入企业的每一件产品中，对产品精益求精，把产品质量看成是完成工作任务的主要指标，而不仅仅是产品数量问题。对于消费者而言，要

---

① 宋晓波、问清泓：《完善我国产品质量监督制度之构想》，《中国社会科学院研究生院学报》2008 年第 6 期。

② 王岳平：《德国提升制造业产品质量的做法及对我国的启示与借鉴》，《经济研究参考》2012 年第 51 期。

严格按照《消费者权益保护法》的框架，切实行使自己的权利，监督
产品质量，使劣质产品丧失生存空间，要具有产品质量"维权"的责
任感，这样，才能在全社会建立起注重质量的文化氛围。

第三节　以拓展高端消费品市场提升消费层次

一　高端消费的内涵

　　高端消费指的是所面对的顾客群体是具有较高的收入水平，愿意
以高价购买高质量产品作为其身份与地位的象征，并满足其心理需求
的这类消费。[①] 从经济学的意义上讲，高端消费品是价值与品质双高
的产品，是无形价值与有形价值双高的产品，一般具有需求弹性大、
附加值高、独特而稀缺的特点。[②] 从范围来看，高端消费涉及衣、食、
住、用、行等与居民生活息息相关的各个领域，"衣"包括高档的服
装、鞋帽以及装饰品等；"食"包括高档餐品、饮品，以及餐饮场所
的高品位服务；"住"包括高端酒店、私人豪宅等；"用"包括各类
高档名牌箱包、黄金珠宝、钟表、高端电子消费品、艺术品以及高端
家居用品等；"行"包括顶级跑车、私人飞机、私人游艇等。从分类
上来看，高端消费品又可以分为高、中、低三等。其中，"高等"高
端消费品主要由那些量产的 BMW 和 BENZ 的跑车、豪华私人游艇等
奢侈品构成，这类消费品的生产者为了追求经济利益而放弃了奢侈品
的基本条件中"限量制造"的条件，实行了奢侈品的工业化，其自身
职能就是高端消费品。"中等"高端消费品指的是其具备全部的奢侈
品特征，但与其他奢侈品不同的是这部分消费品是成系列量产的，而
且限制销售量，它们是有收藏爱好的富有阶层的选择，可能不会升
值，但却可以保值，如果可以收藏全系列，就非常珍贵了。如带有地

---

　　① 王昆强、饶雪玲：《三亚高端消费市场的培育与开发》，《财经界》（学术版）2015
年第 20 期。

　　② 高国庆：《中国奢侈品消费现状及贸易发展趋势》，《管理研究》2011 年第 7 期。

方与历史特色的独特工艺品是这类消费品的代表。"低等"高端消费品则是指像 LV、香奈儿、Prada 等这类比较大众化的高端消费品，这类产品用料不贵，量产，而且谁都可以买，有固定的大规模销售平台，绝大部分大城市的国际购物中心都会囊括这类高端消费品。① 从历史角度来看，高端消费品具有时代赋予的历史性特征，随着时代变迁、经济发展、人民生活水平的提高，昔日的高端消费品会演变为大众消费品，并且又会有新的高端消费品产生。

二　中国高端消费品市场的现状与发展趋势

纵观西方的高端消费品发展历史，最早的高端消费品仅限为如今所称的"奢侈品"，作为特殊阶级的专用物品，奢侈品一直体现出强烈的阶级信号。奢侈品一开始就作为皇室家族和贵族们的专属物品，其飞速的发展和艺术含量也很大程度上源于皇室的需求与支持，奢侈品高昂的造价和难以模仿的技术使其成为平民百姓遥不可及的梦想，也造就了特殊阶层挥金如土的生活。现代的西方社会随着市场经济的发展，奢侈品已经倾向于向大众生活靠拢，奢侈品的含义才逐步被"高端消费品"所取代，中产阶级晋升为大部分高端消费品的主要消费人群，但仍然有一部分高端消费品，诸如高级珠宝饰品、豪车、游艇、飞机等仍然受到上层阶级的追捧。

与西方社会相比，中国历史上的高端消费品只限于流通领域而未转化到生产领域，没有形成特定的高端消费品市场。② 而改革开放前的中国基本上也没有产生具有国际影响的本土奢侈品或高端品牌。由于高端消费品的顾客群体都是富人阶层，该市场具有明显的阶层性特点，而在社会分层方面，新中国成立后，旧的阶级模式被重新洗牌，从计划经济体制时期成长起来的人们在经济和阶级上几乎处于同一起跑线，直到改革开放以后，随着市场经济的兴起与繁荣，人们的需求越来越多样化，"先富带后富"的共同富裕政策催生出一部分富人，

---

① 王昆强、饶雪玲：《三亚高端消费市场的培育与开发》，《财经界》（学术版）2015年第 20 期。

② 巫仁恕：《品味奢华：晚明的消费社会与士大夫》，中华书局 2008 年版，第 100—105 页。

高端消费品才具有了生根发芽的土壤，并作为富人群体彰显身份、强调地位的标志发展了起来。20 世纪 90 年代，国外品牌的高端消费品进驻中国市场，从而迎来中国高端消费的时代。

在 20 世纪 90 年代初，高端消费品在中国借助"高端酒店"曲线入市，[①] LVMH 集团中国区总监吴越回忆说，只有在 1995 年 1 月国家取消外汇券、所有高端品牌开始以人民币统一标价时，中国市场的高端品牌销售才真正开始。此时，高端品牌的最初落脚点通常是一些五星级酒店，例如，90 年代初作为高端消费与奢侈品牌象征的王府半岛酒店就让中国的奢侈品零售发生了本质变革。到了 90 年代末，高端消费品牌开始采取自营与代理结合的营销方式，即对一级城市的零售业务直接进行控制，而将二、三级城市业务交由代理商进行拓展。合作方一般都是该城市定位高端、目标消费群为城市富有阶层的商场。到了 2004 年，国家解除对零售领域的管制后，外国零售商可以独自经营并在中国任何地方开店，高端品牌开始抛开中国当地合伙人大张旗鼓地进行扩张，在各大城市的商业黄金地段开设旗舰店。[②] 2010 年，在经历了 2008 年的金融海啸之后，国外顶级品牌瞄准中国市场，开始大规模地通过开张旗舰店、专门店，拓展经销商，开设电子商务网络销售平台等方式拓展，中国的高端消费市场走向成熟阶段。

如今，虽然经济增速放缓，但中国的高端消费品市场依然保持强劲发展势头。据中国、美国、英国的统计部门与多家咨询公司称，中国已经成为全球最大的高端消费品买家。[③] 这说明，中国高端消费品市场规模已居榜首。从市场供给结构上看，国内流行的高端品牌以时尚界的"老三样"——路易·威登（LV）、古琦（Gucci）、香奈儿（Chanel）为主，这些品牌分别是法国、瑞士等国家集团企业下的，

---

① 《90 年代：奢侈品在中国借力高端酒店曲线入市》，http://news.winshang.com/news-86509.html，2011 年 3 月 30 日。

② 周颖洁：《中国奢侈品市场和阶级分层——什么人在购买奢侈品》，《考试周刊》2009 年第 6 期。

③ 《中国消费者买下全球三成奢侈品——为最大买家》，http://union.china.com.cn/kx/txt/2016-03/16/content_8639735.htm，2016 年 3 月 16 日。

中国本土品牌还没有真正打入高端消费品市场。目前，在中国举办的奢侈品展中，来自本土的奢侈品除豪华别墅等特殊商品外，其他大多局限在茶叶、家私、服装等传统行业中。虽然这些奢侈品也是价格不菲，但是，融入的科技含量和品牌附加值的有限，其吸引高端消费的理由并不充足。另外，顶级奢侈品为了保证品质，一般都不会到中国来生产，对于中国的经济增长，起不了多大的带动作用。从需求结构上来看，国人消费的奢侈品大部分还集中在服饰、香水、手表等个人用品上。而在欧美国家，豪宅、跑车、旅游是大家向往的奢侈品。近年来，游艇展、红酒名车展甚至私人飞机等超级奢侈品展览虽然开始登陆中国，但总体规模有限。① 更主要的是，新富阶层尚不懂得如何合理地进行奢侈品消费，不懂得如何品味高端品牌的文化内涵，绝大部分只是为了炫耀而采取的盲目社会效仿行为。

就高端消费品市场的发展趋势而言，在中国经济持续增长、国民财富日益膨胀、关税不断降低、零售业全面开放等有利于高端消费品生产和销售的大环境下，有理由相信中国高端消费品市场拥有美好的发展前景。另外，国际奢侈品市场成长的历程也表明，人均收入低于1000 美元的地区，奢侈品市场很难发展，当人均收入在 1500 美元左右时，奢侈品消费需求开始启动，当人均收入达到 2500 美元之后，奢侈品消费数量便急剧上升。目前，中国人均收入接近 1500 美元，全国性的奢侈品消费需求已由萌芽状态逐步转向启动，总体上中国处于奢侈品等高端消费的初期。但是，由于中国人口众多，区域发展不均衡，一些沿海发达城市人均收入已超过 2500 美元，也正是这些发达城市形成了中国高端消费市场的井喷现象。中国缺少贵族阶层，但不乏暴富人群，这些新兴的市场经济土壤中迅速暴富的群体②将是近

---

① 何莽、夏洪胜：《我国奢侈品市场发展现状及趋势分析》，《商业时代》2007 年第29 期。

② 这部分人群主要包括两代极富阶层：第一代极富阶层起源于经济改革的既得利益者，多数为"下海经商"的原政府官员与极少数首批私营企业家，第二代极富阶层则为第一代的子女、亲属，以及 20 世纪 90 年代后期至今科学技术市场化进程中，通过社会关系和知识创新获得财富的民营企业家。资料转引自周颖洁《中国奢侈品市场和阶级分层——什么人在购买奢侈品》，《考试周刊》2009 年第 6 期。

年内高端消费的主力军。

另外，必须提出的是，中国目前的大众化消费市场不断呈现出"高端化"发展趋势，这意味着，中国高端消费品市场的消费主体中逐渐出现了中产阶层的影子（主要以年轻人为代表）；同时也意味着高端消费品范围逐步扩大化。大众消费品的"高端化"或称为大众消费品升级是随着收入倍增和新型城镇建设的步伐快速发展起来的，随着近几年消费者收入的快速增加，其支付能力大幅提高，健康意识不断增强，生活消费从温饱型向享受型转变，人们对高品质、差异化产品需求快速增长，大众消费品便迎来了"高端化"浪潮。例如，作为典型代表的乳业企业，在行业竞争态势趋缓、消费者整体支付能力大幅提升的情况下，各大乳企不断推出差异化的新产品，以伊利金典、蒙牛特仑苏、光明莫斯利安为代表的高端奶全面开花，其中伊利的高端奶占比已达三成以上，并且呈现持续上升的趋势，高端奶粉的发展势头也十分迅猛。[①] 再如，各大类产品"智能化"现象是大众消费品"高端化"的又一典型代表，现在市面上销量比较好的有智能手机、智能家用电器、智能门锁等，以智能机器人吸尘器为例，机器人吸尘器内置高智能芯片，可以计算房间的大小与障碍物区域，配合预定清洁模式，自动调节清扫路线。自动侦测地板表面的情况，从地毯到硬地面，或从硬地面到地毯，它都会自动调转速度以及吸力，来更好地清扫房间，清扫任务完成后会自动回到充电座充电。智能机器人吸尘器是新一代家庭保姆，可以清扫房间的毛发、瓜子壳、灰尘等房间垃圾，为众多既要工作又要顾家的女性消费者所喜爱。诸如此类的"高端化"大众消费品为高端消费品市场增添了丰富而创新的内容。

三 拓展高端消费品市场的方向与途径

前已述及，高端消费者群体主要是改革开放后在新兴的市场经济土壤中活跃起来的富人，他们或者依靠庞大的社会关系网，或者依靠知识与技术的创新以及敏锐的市场洞察力，获得了市场经济发展给予

---

① 《大众消费品高端化》，http://www.xue163.com/news/680/6806012.html，2016 年 1 月 31 日。

的丰厚回报。这部分人无论出于什么样的目的——或许仅仅是为了炫耀，或许只是单纯的社会效仿，或许是出于个性化的自我实现需要——只要他们出钱购买产品，尤其是进行高端而奢华的消费，那么，在拉动中国消费需求增长上便贡献了一分力量，客观上就报答了社会发展给予他们的实惠。然而，当前的现实情况是，国内高端消费品大多来自国外品牌，顶级奢侈品往往产自于国外，超过半数的高端消费品从海外途径购入，高端消费市场所创造的需求增长并没有给本土经济增长带来可观的推动作用。所以，通过供给侧改革，提升高端消费品市场中的本土品牌比例及层次是中国未来拓展高端消费品市场的努力方向。

提升高端消费品的国内品牌供给是一个系统工程，并非能一蹴而就，而是要经过一个循序渐进的长期努力过程。从努力途径上讲，中国还需在以下几个方面下功夫：

第一，努力提高本土产品的品质、技术含量与附加值（也就是要提高产品质量，这部分在第本章第一节中已经说明，这里不再赘述），增强国内产品在大众消费品"高端化"浪潮下的竞争力，牢牢抓住高端的大众品消费市场，并且为培育本土高端品牌奠定基础。

第二，注重扩大高端消费品产业链带动效应，力求实现国外品牌向国内的转移，并把这一过程作为提升高端消费品国内品牌供给的过渡阶段。对于消费类高端产品，为满足中国巨大的市场需求，国际奢侈品商基于成本压缩的考虑将生产过程搬到中国本地来是有利可图的，所以他们中的一部分人可能会不再选择把其产品成批地从海外运进中国，而开始尝试将产品设计师派遣到中国，同时在中国设立生产基地的模式。部分对中国制造产业熟知的奢侈品商，开始将品牌的设计、生产、采购和供应链管理交给中国当地生产商完成。因此，在引进商品销售的同时，应重视吸引该品牌的设计、创意及售后服务等高附加值环节。完善有关知识产权保护的法律法规，强化对国际知名品牌合法权益的保护力度，引导国际品牌将技术与制造同步转移。这样做既能顺应国内富人青睐国外奢侈品牌的传统，又能学习国外品牌在设计、生产、供应链管理、品牌塑造、制造工艺等方面的先进经验，因而这是提升高端消费品国内品牌供给战略的折中之法。

第三，加快培育中国本土的高端品牌。中国在高端消费品市场上不仅要注重消费，而且要注重生产，特别是蕴含中国文化的高端品牌。这是提升高端消费品市场中国内品牌供给的终极目标。从总体上看，中国在高端消费品市场上更多的是表现为奢侈品的进口国与消费国，而远不是出口国与生产国。对此，中国要由注重奢侈品的消费转向注重奢侈品的生产。通过国际奢侈品牌在中国的发展，应该好好地反省如何打造中国自己的品牌，如何提升自己企业的产品质量，如何使我们国内的名牌产品也能成为国际的奢侈品牌。在培育本土高端品牌方面，首先，要增强国内顶级品牌的国际化意识，重视提升国内品牌的策划力、品牌延伸力、资源整合力、加工生产精细度和服务的精致化。其次，应重视品牌运作和品牌管理，通过深化与专业团队（主要是精通品牌挖掘和维护的团队）的合作，逐步提升品牌价值和国际影响力。最后，要立足市场需求特点不断地进行国内品牌的创新，为消费者带来极大的价值满足与情感需要。

第四，提升高端消费品行业从业人员的整体素质。中国虽然已经成为奢侈品购买的最大市场之一，但因为奢侈品市场及行业发展的时间很短，行业专业服务人才缺乏，从业人员的整体素质亟待提升。国际各大品牌进入中国，从前期准备到选址、布店、销售和管理，都需要有经验的人才。概括地说，一线品牌对渠道沟通人才、销售人才、管理人才和外语复合型人才都有很大的需求。国际品牌在中国市场的销售中，中高层经理都非常缺乏，更高端的管理人员基本都依靠国外派遣。专业化服务水平和服务质量的缺失，在一定程度上也会影响品牌的服务品质和品牌形象。所以，要提升高端消费品行业中的国内品牌供给就必须要有高素质人才作为品牌发展的人力资本后盾，既要满足国内品牌拓展中对专业技术与管理人才的需要，也要满足高端消费体验中对于服务质量所提出的高标准与高要求。

第四节　供给侧改革要瞄准个性化消费需求

一　个性化消费的内涵

所谓个性化消费，是指消费者在生产经营过程中处于核心地位，能够根据自己的意志参与产品设计与生产过程或向制造商提出具体的意见，从而得到符合自己意志的产品的消费形式。① 个性化消费具有异质性、质量性、特殊性、创新性与用户至上性等特点。个性化消费形式主要流行的区域是生活性消费。政治经济学中曾提出两种消费：生产性消费与非生产性消费（或称为生活性消费），前者是依附于生产的消费，其目的在于保证再生产的顺利进行。后者是作为消费者个人目的而实现的消费，即消费是目的，生产只是手段。生产性消费与非生产性消费最根本的区别在于：前者是同质性的，而后者是异质性的和个性化的。② 所以，个性化消费引领了以消费为主导、以消费者为中心的潮流，是一个真正讲究个性自由的时代。

二　个性化消费形成的原因及其重要作用

催生个性化消费的原因主要有四点：一是经济发展水平使然。收入水平提高引起了消费者需求层次的变化，根据马斯洛的需求层次理论，富裕起来的人们需要的不仅仅是物质生存资料的满足，而更多的是追求情感上与心灵上的慰藉以及自我的实现，所以，那些新颖、附加值高、与众不同的产品更容易吸引公众的眼球。二是产品供给状况使然。随着生产工艺与技术的进步，社会产品极大丰富，市场上呈现供大于求局面，卖方市场逐步转变为买方市场，"用户需求"成为商家角逐的制胜法宝，因此，各种个性化产品与服务不断出现。三是消费者的异质性使然。良好的经济环境能使人们接触到更为先进的世界，掌握丰富的知识，因而形成自己独特的世界观、人生观与价值

---

① 周超：《个性化消费：21 世纪消费思想》，《商业研究》1995 年第 5 期。
② 姜奇平：《蒙代尔推崇的消费力经济》，《互联网周刊》2005 年第 40 期。

观。也就是说，人类文明的进步使每个人拥有不同于其他人的异质性特征，这便导致不同消费者之间消费需求呈现出异质性，①而这正是个性化消费的直接驱动力。个性化消费并不等同于多样化消费。严格地说，多样化消费只是数量（种类）上的不同，它的假定是人与人是同质的（这和传统经济学的假设是一致的），而个性化消费强调的是人与人之间有个性或个体差异，也就是说人们消费需求是异质性的。四是信息科学技术推动使然。信息系统的建设能将消费者的意志准确无误地、光速般地传导到世界各地的生产者或制造商手里。以电脑科技为特征的信息高速公路建设为个性化消费的普及创造了便利条件。

个性化消费是人类文明进步到 21 世纪才出现的一种全新的消费理念与消费形式，具有先进性，可以起到深化市场经济、克服市场经济的弊端、引领社会文明进步等作用。首先，个性化消费要求消费者与生产者和经营者在产品设计与生产过程中达成共识因而有益地结合在一起，而不是在产品生产出来之后才"被动"结合。因而，个性化消费能使生产、经营与消费三个环节的联系更为紧密，这样既能保证满足消费者的需求，又能使资源得到更为科学合理的利用。可见，个性化消费是市场经济深化的结果，而这种深化是在卖方市场过渡到买方市场后产生的，并且表现为买方市场向个性化消费市场的转变。其次，在个性化消费市场上，消费不仅仅是供给与需求的问题，人们还将生活态度等主观因素浓缩入消费产品中，出现在个性化消费市场上的产品富有人情味的特点，充满了情感色彩，商品经营内容也会点缀上感性与文化特征。在这种氛围下，企业也会形成企业意识、消费者意识与社会意识相结合的企业文化。到那时，成为社会文明进步标志的不仅是生产工具，而且还有生产出来的个性化产品。最后，在个性化消费市场中，消费者改变了生产过程中的被动与从属地位，在生产经营中处于核心位置，这在一定程度上能够起到微观地调配资源的作用，还能够杜绝假冒伪劣产品、侵犯产品权等现象的发生，并催生出更为完善的贸易法律、法规、法则与惯例，从而起到克服市场经济弊

---

① 曹虹剑、罗能生：《个性化消费与模块化生产》，《消费经济》2007 年第 23 期。

端的作用。

三　中国个性化消费的发展现状

众所周知，中国从20世纪90年代中后期开始，商品类型逐渐丰富、产品数量供大于求，市场由过去的卖方转变为买方，先富起来的高收入人群有能力也有需要来购买那些能够体现自我、满足个体差异化需求的产品，他们也就顺理成章地成为个性化消费的先导。时至今日，这种"后发优势"的惊人发展速度已经使得个性化消费成为一种潮流与趋势。

个性化产品供给正是在个性化需求的拉动下不断涌现出来的。据相关资料报道，全国首个个性化产品是1997年年初出现在上海街头的个人明信片，紧接着个性化请柬及邀请函、个性化挂历及年历、个性化证件（卡）、宝宝系列的个性化产品等蜂拥而出。著名的国酒品牌"茅台"是个性化产品的先行者，他们实现了按照消费者的意愿与口味来设计与生产茅台酒，先后开发出了人民大会堂专用、机场专用、外交专用、生日纪念、国宴特供等系列产品，满足不同层次消费者的需求。山东青岛的海尔集团也是个性化产品方面的领军者，他们开创了大批量产品可定制的先河，使形状各异、外壳色彩斑斓的电视、电冰箱、洗衣机等个性化家电产品出现在了各大市场上，改变了生产流水线上千物一面的情况。目前，在电商平台上，搜索"私人定制"，出来的结果可谓五花八门：印着自己或家人与爱人照片的T恤、棒球衫以及情侣装，简约时尚、带着自己创意Logo的手包首饰，可以刻上专属人姓名的笔、水杯，根据自家尺寸定做的古典家具，来图定制的珠宝首饰与结婚戒指……从化妆品到服饰、从小摆件到大家具，许多个性化消费在这里都可以得到满足。在电商的倒逼之下，越来越多的线下零售店也开始推出个性化、私人定制的商品：如有的服装店可以根据顾客的设计要求定制服装，有的食品店可根据顾客的口味定制食品，有的蛋糕店可根据顾客提供的照片定制独一无二的蛋糕或者设立烘焙课堂由顾客亲手制作糕点……总之，服饰、金融、家居、通信设备等几乎所有领域从产品到服务都开始体现出个性化消费趋势，个性化、定制化消费取代排浪式消费已经成为当前的新兴消费的发展特征，其势不可阻挡，并在热潮中渐渐成为时尚。

随着市场经济不断向前发展，个性化需求必将会日益突出，单一消费者会提出无数个性化的需求，如果能满足这种需求，企业便会掌握主动权，经济也会不断实现新的增长。有专家预测，城市中10%的高收入群体其购买力和消费能力相当于农村中65%的购买力和76%的消费能力，仅个性化消费潜力就有5000亿元，而这种消费能力每年还在以20%的高速飙升。如果有个性化产品和服务来满足高收入人群的个性化需求的话，每年就可以为国家增加税收800亿元左右，使2000万人在相关产业和岗位上就业。[1] 可见，个性化消费增长的关键点落在了个性化产品（或服务）的供给上面。目前，市场上的"私人定制"产品随处可见，但这类产品供给并未形成规模，而且不得不面临生产周期长与生产成本高的困扰。同时，新消费群体的个性化还具有潜在性特点，即需要富有创意性的个性化供给的引领与激发。因此，要扩大个性化消费需求，发挥个性化消费带动经济增长的作用，就必须在供给侧方面进行调整，不断提升产品与服务供给的适应性与灵活性，满足个性化需求，并引领个性化消费。

四 瞄准个性化消费需求的供给侧调整

（一）要坚持以用户为中心的创新

当前，各行各业都在讲求创新，个性化产品供给更加离不开创新，但究竟什么是创新，人们的理解往往停留在"做别人所没有做的""想别人所不敢想的"，争取做引入新东西、提出新概念、制造新变化的那个"第一人"[2]，在大多数生产者眼中，创新的概念更是与技术进步联系紧密。然而，这其实反映了很多人对创新的片面理解，事实上，"产品或服务是不是符合用户需要"才是创新的关键。对企业来讲，要提供个性化产品，就要从用户需求入手，要坚持以用户需求为中心的创新。

---

① 曹莹：《个性化产品催熟个性化消费》，《上海轻工业》2003 年第 6 期。
② 张凤、何传启：《创新的内涵、外延和经济学意义》，《世界科技研究与发展》2002年第 6 期。

实现"创新"的办法有很多,"条条大路通罗马",最为直接的就是在产品性能上下功夫,以手机的更新换代为例,其飞跃式的发展速度正是建立在贴近用户需求的功能创新之上。回忆最古老的手机,其基本功能只是打电话、发短信,短短十几年,手机功能已实现质的飞跃,而其功能的每一次拓展都会带来新一轮购机的热潮。如今,这样巴掌大小的一块"东西"集照相机、收音机、上网设备、导航、地图、随身听、电子书、电视等功能于一身,变成人们生活中不可或缺的一部分,更成为年轻人竞相追逐与关注的对象。尤其是随着操作软件和触屏技术的创新性开发,手机使用越发智能化,不断满足着用户"简单""快捷""方便"的要求。现在,智能手机的实体按键简化到只剩一个,用户可以自由轻松地通过触控操作手机实现所有功能。在屏幕上,用户只要用两根手指就能重新调整窗口大小,根据环境光线的强弱,手机能自动调节屏幕的亮度,也能感受用户是纵向还是横向拿着手机,从而自动将屏幕的图像以合适的方式显示等。类似手机生产领域的这种时刻关注用户使用习惯的产品功能性创新必然成为引领个性化需求的典范。

有些创新可以在设计理念上与时俱进,抓住当前消费者最为关注的焦点问题。以上海"万物想"日用百货为例,他们的专家队伍以时下最为提倡的"绿色消费"为轴心,不断与时俱进地推出最新设计,那里的商品从服装到书包鞋帽,从小花卉盆景到喝水杯具等日用百货,成千上万件商品都是以手工定制为主,服装以纯棉、纯毛为主,水杯以玻璃、陶瓷和搪瓷为主,到处洋溢着绿色、原生态的材料使用与环保设计理念。这一理念把商业与绿色环保的时代特征相结合,构建了一个亲民的平台,让人们在购物与使用的同时也会找到对于环境保护的责任之心,正是这种贴合消费者环保意识的创新理念使"万物想"的产品体现出时代的个性特征,受到广大环保爱好者的青睐。

个性化供给上的创新还要特别注重服务创新,就是要给予消费者至高无上的、独一无二的消费体验。如当前逐渐流行起来的"个性写真",顾客可以根据自己的喜好拍摄专属于自己的个性相片,消费者可以选一条古朴的小街,穿着锦缎旗袍坐在旧式的人力车上,也可以身着黄袍马褂坐在龙椅上，享受众大臣的朝拜，过足"皇帝瘾"；又如时下年轻人所青睐的"个性化"创意婚礼，在喜帖上印上新郎新娘的婚纱照、在喜宴酒瓶上刻上一对新人的名字，用沙画形式在大屏幕上演绎二人的恋爱史，用泡泡、烟雾烘托浪漫气氛，新娘以吊威亚的方式从天而降，等等，这一系列的创意方式无不会让宾客啧啧称赞，更会给新郎新娘留下永生难忘的记忆，为他们的爱情增光老半天添彩。

（二）要实行模块化的生产组织模式，满足用户个性化需求

不同时代的消费需求会带来生产组织形式的变革。总的来说，当人们的消费需求同质时，注重大规模生产的"福特制"将占据主导位置，而当人们的消费需求异质时，注重柔性生产与敏捷制造的"后福特制"将居主导（见表4－3）。因此，在个性化消费倾向不断突出、消费需求的异质性特征逐步明显的今天，生产组织形式开始迈向"后福特制"。

表4－3　　　　　　　不同时代的消费需求与生产组织形式

时代背景	主导生产要素	消费需求	主导生产组织形式
工业经济时代	物质资本	数量消费、质量消费（同质性消费）	福特制
信息与知识经济时代	信息、知识	个性化消费（异质性消费）	后福特制

资料来源：曹剑虹、罗能生：《个性化消费与模块化生产》，《消费经济》2007 年第23 期。

然而，在信息与知识经济时代，虽然后福特制生产组织形式能用柔性生产、定制化、异质性、层出不穷的创新满足个性化的消费需求，但差异化、定制化生产方式的成本显然比批量化、大规模的生产方式要高，此外，后福特制的生产组织形式会因为迂回生产环节的增多而增加交易费用与协调成本。因此，企业应该选择一种既能节省交易费用与协调成本，又能满足个性化消费需求的最优生产组织模式，也就是模块化的生产组织模式。模块化方式是使复杂问题简单化的方法，它是通过集成来实现产品的个性化定制，也就是采用标准化、模块化的方式，就如搭积木一样，很好地解决个性化定制与批量化生产

的成本平衡问题。在这一生产模式下，产品生产时只要在产品不同组成部分（模块）之间留有一定的通用接口（界面/规则），各模块就可以自由发挥自己的创新力与创造力，事先不需集中就可以组成各种性能不同的产品以满足消费者的需要，而且各个模块还可以根据市场变化自行演化。比如今天的电脑就是模块化生产的结果，电脑上的USB接口就是各个模块化电脑配件的通用界面。又如市面上的集成热水器也大多采用模块化生产与设计理念，尺寸、材质、面板花色、台盆款式等都可以定制，并分模块进行生产。

在个性化消费时代，之所以要在供给侧引入模块化生产组织形式主要是因为它会带来两大优势：（1）统一的接口不仅可以使系统在更广的范围整合资源，而且可以减少交易费用与协调成本，模块化系统甚至不用事先集中就可以自行演化；（2）信息包裹化可以产生异质性的创新活动以满足个性化的消费需求。当然，企业组织模块化是以整个社会中较大的社会资本（如诚信）拥有量为前提的。在信息经济时代企业需要处理的信息量大大增加，而且组织模块化又会进一步增加迂回生产的环节，这时交易费用会上升，我们就要通过社会资本来降低交易费用。

（三）要抓住互联网的重要作用

信息科学技术的发展，尤其是互联网的兴起使信息从不对称到对称，使个性化需求信息源源不断地传播到生产者与制造商那里。所以，借助互联网的重大影响力，可以紧跟消费者的消费需求，为生产者指明正确的供给方向，还可以构建庞大的电商销售平台，更好地促进产品的销售。只要产品体验好，用户用得好，他们就愿意把产品在他的社交圈中分享。朋友看了可能就会传播，就会让更多的人知道并购买这些产品。更重要的是，互联网能够使用户实现全流程参与产品的个性化设计和生产过程，使用户的参与感更强。所以，互联网这个电子信息平台是个性化时代不可缺少的重要组成内容。厂商在产品或服务供给的过程中必须要发挥好网络的重要作用，一方面，可以通过网络系统征集用户对产品的看法与意见，把部分用户的点子放到网上，让大家评选。把那些点击率高、好评居前几位的再细化上网评选，然后依据评选的结果去开发产品，这样新品开发的风险会降低，而且上市之后还会受欢迎。另一方面，还可以构建全网营销模式，借助互联网和移动互联网推广将线上客户引流到线下体验和消费，从而增加产品的销售量。

第五章　扩大消费需求的总体思路

第一节　指导思想

一　在遵循经济发展规律的前提下把握消费需求理论

一般而言，消费、投资、出口是经济增长的三大动力。但经济发展阶段不同，三者所起的作用也各不相同。罗斯托（Rostow，1960）将经济分为传统社会阶段、为起飞创造前提阶段、起飞阶段、向成熟推进阶段、高额群众消费阶段与追求生活质量阶段共六个阶段[①]，他认为，在起飞阶段向成熟推进阶段，投资对经济增长的拉动作用较强，而在高额大众消费与追求生活质量的阶段，消费需求的不断提高才能保证经济持续增长。钱纳里（Chenery，1988）则根据各国经济结构与贸易政策的不同，将准工业化国家的经济分为外向的初级产品生产导向型、内向型、中间型和外向的工业生产导向型四种[②]，内向型的经济主要依赖国内需求拉动特别是消费需求的拉动，适合于国内需求巨大、经济发展相对成熟的国家；而外向型经济通常以投资拉动和出口拉动为特征，工业化进程中的发展中国家或国内市场狭小的国家通常采用这种拉动模式。鉴于上述认识，中国学者对经济发展的一般规律以及经济增长的动力问题也展开了一系列研究，并基本得出如

---

① ［美］罗斯托：《经济成长的阶段》，商务印书馆 1992 年版，第 2 页。
② ［美］H. 钱纳里：《工业化和经济增长的比较研究》，上海三联书店 1989 年版，第 87—110 页。

下共识：

第一，消费主导型的经济增长模式是各国经济发展的共同方向。从各国的长期发展历史中可以看出，在各国发展的第一阶段，投资和出口对经济增长的拉动作用比第二阶段更为显著；到了第二阶段，消费对经济增长的拉动作用则要明显高于投资与出口。发达国家以及先行的工业化国家在完成了工业化阶段之后几乎都已经形成了以消费为主导和投资、出口稳步增长的发展格局。

第二，消费在拉动经济增长中的主导地位在人均国民收入达到3000—4000美元时得到确立或加强。这说明，消费主导作用的发挥必须建立在人均收入水平增长的基础上。

第三，收入水平的提高与收入差距的缩小是消费成为经济增长主要动力的必要条件。从长期来看，尽管各国在经济增长的第一阶段投资、出口对经济增长的拉动作用比较显著，但三大支出拉动的次序依然是消费—投资—出口，并且在人均国民收入达到3000—4000美元时消费对经济增长的拉动作用快速提高，正是收入普遍性提高带来了消费的快速增长从而带动经济的快速提升。

世界经济史的研究也表明，发达国家在完成工业化进程之后，其经济发展将逐步转入以国内消费需求为主导的内生型增长模式，经济增长动力将逐步由投资主导模式向消费主导模式转变，这与国内外诸多学者的研究一致，说明经济增长最终由消费主导将是经济发展的一般规律。

当前，中国已进入工业化中后期，经济发展正从以投资为主导转向以消费为主导。由于消费具有多样性和影响因素非经济性等特征，所以其对全国经济发展的影响将是一个复杂和系统的过程。换言之，"十三五"时期，中国经济发展的一项重要任务，就是建立起一套系统性、综合性的消费拉动机制。为此，必须深入挖掘消费需求的理论基础，充分考虑扩大消费需求与经济结构战略性调整之间的传导机理，以顺利推进经济发展方式转变，实现经济平稳较快发展。

消费者需求理论是西方经济学的重要内容，对于指导企业的生产和经营有着十分重要的意义。当前最具代表性的消费需求理论主要有：凯恩斯的消费需求理论、杜森贝里的相对收入消费理论、莫迪利安尼的生命周期消费理论以及弗里德曼的永久收入消费理论，这些理论主要都是针对不同发展阶段中居民消费需求特征做出研究阐述的。

凯恩斯的消费需求理论是他在《就业、利息和货币通论》(1936)一书中提出的思想——总消费是总收入的函数——的概括与升华。这一思想用线性函数形式表示为：

$$C_t = a + b \times Y_t$$

式中，C 表示总消费，Y 表示总收入，下标 t 表示时期，a、b 为参数。参数 b 称为边际消费倾向，其取值为 0—1。凯恩斯的这个消费函数仅仅以收入来解释消费，被称为绝对收入假说。这一假说过于简单粗略，用于预测时误差较大。由这一思想出发，形成了凯恩斯消费理论的完整框架。在该理论下，个人消费需求的大小取决于个人收入水平（所得数量）、客观环境因素与主观因素三个方面，其中，客观环境因素包括工资单位之改变、所得与净所得之差别、资产的货币价值的变动、时间贴现率、财政政策之改变、个人对未来收入的预期等。以上除工资单位因素以外的其他因素在短期内都不会有太大变动，所以对消费也不会有重大影响。因此，消费是真实所得的且较稳定的函数。主观因素则包括影响储蓄动机的因素，主要有谨慎、远虑、计算、改善、独立、企业、自豪与贪婪；直接影响消费的主观因素，主要为享受、短见、慷慨、失算、炫耀与奢侈，等等。这些因素取决于制度、传统、资本技术设备等的影响，因此在短期内不易发生变化，即可看作既定量。这样，再一次证明了消费是收入的稳定函数，这里的收入当然是指现期的绝对收入水平。在绝对收入假说的基础上，凯恩斯消费需求理论还定义了边际消费倾向，它表示收入增加中用于增加消费的比例。边际消费倾向呈递减规律，小于平均消费倾向。也就是说，当社会之真实所得增减时，其消费量亦随之增减，但后者之增减常小于前者即边际消费倾向常小于平均消费倾向。凯恩斯由边际消费倾向又推出乘数理论，说明边际消费倾向的递减，导致有效需求不足，导致国民收入小于充分就业均衡，进而带来失业问题的存在，这又回到他分析的出发点。总之，凯恩斯的消费需求理论构成了其总需求理论的核心内容。

相对收入消费需求理论是由美国经济学家詹姆斯·S. 杜森贝里（James Stemble Duesenberry）在《收入、储蓄和消费者行为理论》中提出来的。它的基本内容是：在稳定的收入增长时期，总储蓄率并不取决于收入，而是要受到利率、收入预期、收入分配、收入增长率、人口年龄攀比、示范效应分布等多种因素变动的影响。在经济周期的短期中，储蓄率取决于现期收入与高峰收入的比率，从而边际消费倾向也要取决于这一比率，这也就是短期中消费会有波动的原因，但由于消费的棘轮作用，收入的减少对消费减少的作用并不大，而收入增加对消费的增加作用较大。短期与长期的影响结合在一起。由于消费是一种社会行为，具有很强的示范效应。相对收入假说强调了人们消费行为之间的相互影响，特别是高收入集团对低收入集团的示范效应，这一点是十分有意义的。相对收入假说中关于棘轮效应的论述解释了消费的稳定性，说明了消费对经济稳定的作用。但是，相对收入假说同样缺乏充分而有力的经验证明，弗里德曼认为可以把相对收入假说作为永久收入假说的一个特例。

永久收入消费理论是由货币主义学派的领袖人物，米尔顿·弗里德曼提出来的。它是指人们的消费行为主要取决于永久性收入，而不是偶然所得的"暂时性收入"。主要内容为：理性的消费者为了实现效应最大化，不只是根据现期的暂时性收入，还会根据长期可以保持的收入水平即永久收入水平来做出消费决策。这一理论将人们的收入分为暂时性收入和持久性收入，并认为消费是持久收入的稳定的函数。弗里德曼认为，所谓永久收入，是指消费者可以预期到的长期收入，即预期在较长时期中（3 年以上）可以维持的稳定的收入流量。永久收入大致可以根据所观察到的若干年收入的数值的加权平均数来计算。现期的永久收入等于前期收入和两个时期收入变动的一定比率，或者说等于现期收入和前期收入的加权平均数。加权数的大小取决于人们对未来收入的预期。这种预期要根据过去的经验进行修改，称为适应性预期。如果人们认为，前期和后期收入变动的时间较长，权数就大；反之，前期和后期收入变动的时间较短，权数就小。永久性收入假说对"平均消费之谜"做出了解释，其在政策上的含义为：只有没有预期到的影响未来收入的政策变化才能影响消费。

　　莫迪利安尼的生命周期消费理论强调了消费与个人生命周期阶段的关系，认为人们会在更长的时间范围内计划他们的生活消费开支，以达到他们在整个生命周期内消费的最佳配置，实现一生消费效用最大化。假定人的一生分为年青时期、中年时期和老年时期三个阶段。前两个阶段是工作时期，后面的一个是非工作时期。一般来说，年轻人家庭收入偏低，消费可能会超过收入。但是他们有稳定的工作，他们的未来收入会增加。因此，人们在年轻的时候往往会把收入中的很大一部分用于消费，甚至贷款消费如贷款购买房屋、汽车等耐用品。这使得储蓄很小甚至为零。进入中年，收入日益增加，这时的收入大于消费，因为一方面要偿还年轻时的负债，另一方面要把一部分收入储蓄起来用于防老。当他们进入老年期，基本没有收入，消费又会超过收入，此时的消费主要是靠过去积累的财产，而不是收入。按照生命周期理论，理性的消费者总是期望自己的一生能够比较安定地生活，使一生的收入与消费相等。家庭的收入包括劳动收入和财产收入，那么一个家庭的消费函数就是：

$$C = aWR + cYL$$

　　其中，WR 表示财产收入，YL 表示劳动收入，a 表示财富的边际消费倾向，c 表示劳动收入的边际消费倾向。

　　根据这一理论，由于组成社会的各个家庭处在不同的生命周期阶段，所以，在人口构成没有发生重大变化的情况下，从长期来看边际消费倾向是稳定的，消费支出与可支配收入和实际国内生产总值之间存在一种稳定的关系。但是，如果一个社会的人口构成比例发生变化，则边际消费倾向也会发生变化，如果社会上年轻人和老年人的比例增大，则消费倾向就会提高，如果中年人的比例增大，则消费倾向会降低。

　　上述西方经济学中所提出的四种消费需求理论为中国研究消费问题提供了丰富的理论依据。中国在"十三五"时期制定扩大消费需求总体思路时应该针对当前所处的经济发展阶段，在遵循经济发展规律的前提下，通过借鉴和学习现有的经典消费需求理论，做出相应的政策应对与战略部署。

二　在适应"新常态"背景下深化消费需求理论

当前，中国经济进入"新常态"，在适应"新常态"的背景下深化消费需求理论，是中国在"十三五"时期扩大消费需求的总体思路要求。如前所述，经济新常态的主要特征包括：经济增长速度从高速转为中高速；经济发展方式从规模速度型转向质量效率型；经济结构从增量扩张向调整存量和做优增量转变；经济增长的驱动力由要素和投资驱动转向创新与内需驱动，等等。应将上述新形势与消费需求理论紧密结合，制定出符合形势要求、顺应时代发展的扩大消费需求路线。

经典的消费需求理论主要说明了消费与收入之间极其密切的关系，在这一关系基础上，我们可以通过分析影响收入的一系列因素对消费与经济增长问题展开研究。然而，现实经济生活中，尤其是在中国步入经济发展"新常态"阶段时，消费与经济增长之间的密切关系涉及结构、质量、动力以及方式等方面的因素，我们必须深化消费需求理论，将扩大消费需求与经济增长速度放稳、经济发展方式转型、经济结构调整、经济增长动力机制转变等特征紧密结合起来。下面本书以产业发展为例来说明这一问题。

从产业发展的视角来看，我们需要把产业选择与调整考虑到扩大消费需求的理论中来。这是因为，产业结构不仅会影响消费结构（前文已经有所阐述），产业技术创新与产业组织结构也会影响消费需求。关于技术创新对消费的影响，国内外理论界已有不少的研究。道格拉斯·C. 诺思（1992）认为，人类历史上引导社会消费变化的最初原因（即两次经济革命），最后都要归结到科学技术的发展和应用上。①巴罗和萨拉伊马丁（2000）引入新增长理论的效用函数对技术创新影响消费需求的过程展开了分析，并认为技术创新可以降低黄金储蓄

---

① ［美］诺思：《经济史上的结构的变革》，商务印书馆 1992 年版，第 156—171 页。

率，从而提高每一时点的总消费，降低总投资。① 国内学者也持有类似观点，孟捷（2001）认为，资本主义国家第二次世界大战之后产品创新有了很大发展，消费者对新产品的旺盛需求，保证了剩余价值宏观实现条件的长期改善②，这实际上等于说产品创新吸引了中、高收入者的购买力。朱国林等（2002）认为，中、高收入阶层的消费者虽有足够的购买力，但能够刺激其消费欲望的新产品供给不足也不会带来消费的大幅度提升，因此，鼓励技术创新的政策对于把这两个阶层的购买力转化为消费是必不可少的。③ 总之，消费创新与技术创新具有密切关系，前者是后者的源泉，后者又是前者得以实现的基础，两者相辅相成。关于产业组织结构对消费需求的影响是基于产业组织理论的落脚点即竞争政策（反垄断）提出来的。完全竞争市场有利于消费者及消费需求满足的最大化，消费者是最大的获利者，消费需求的满足趋向最大化。因为完全竞争条件下价格趋向等于生产成本，形成了对消费者来说最低的价格。此外，行政垄断还会对收入分配结构产生影响而导致消费需求的变化。行政垄断造成收入分配的失衡，形成垄断行业与非垄断行业收入差距扩大的现状。由于不同收入阶层的消费倾向和储蓄倾向存在明显的差别，垄断行业的大量存在会导致社会平均消费倾向（即总消费）和边际消费倾向的降低，即消费需求的减少。综上，尽管造成中国目前消费需求不足的原因是多方面的，但产业发展是一个不可忽视的重要因素。中国必须有针对性地通过产业政策选择来促进消费需求的扩大，这是"新常态"背景下，从产业结构角度对消费需求理论的升华。

三　在关注民生视域下发展消费需求理论

消费需求的核心主体是广大居民，其本质特征和居民密切相关。

---

① ［美］巴罗、萨拉伊马丁：《经济增长》，中国社会科学出版社 2000 年版，第 73 页。

② 孟捷：《马克思主义经济学的创造性转化》，经济科学出版社 2001 年版，第 93—103 页。

③ 朱国林、范建勇、严燕：《中国的消费不振与收入分配：理论和数据》，《经济研究》2002 年第 5 期。

可以说，保障和改善民生是扩大消费需求的前提，消费需求的扩大是保障和改善民生的重要体现。因此，研究和发展消费需求理论必须基于关注民生发展根本需求的基础之上，即在惠及民生的导向下进行。

民生问题首先是人民作为生存的个体，生活得到改善的问题。全面的民生政策，不仅包括民众的基本生活状态、民众的基本发展机会、基本发展能力和基本权益的状况，还包括围绕民众生活的社会福利状况等。重视并改善民生，可以为经济发展提供一种长期有效的动力，促进消费，推动经济持续健康地发展。① 这是因为：

第一，民生改善对实际收入水平具有重要影响。重视并努力改善民生，就是从根本上彻底改善人民的生活水平和生活质量，可以让低收入者的实际收入普遍提高，使他们未来的生活有所保障，这样便可以减少居民由于谨慎动机而持有的储蓄，将其转化为当期的消费，使当期的消费水平提高，从根本上降低中国一直以来的高储蓄率。一方面，由于国家提供的各种改善措施可以提高实际的生活质量，从而改善产品相对剩余的现状，使经济向更均衡的方向发展。另一方面，人民生活得不到关注的社会容易产生很大的负效应。比如，一个满是饥饿者的社会，对于饥饿者个人，会有很大的外部环境负面影响。简单地说，这会增加犯罪，给社会带来不安定因素，不利于经济健康发展。

第二，民生政策中社会保障制度的完善对消费具有重要影响。具体来说，社会保障制度的完善使社会中大多数人的基本生活有保障。养老制度的完善使人民可以老有所养，尤其是对于农民而言，完善的养老制度可以改变他们"养子防老"的旧观念，这能够从根本上降低生育率，减轻他们的家庭负担，而且孩子数量的减少还可以增加家庭的致富机会，提高消费水平。医疗保险能改变人民"因病致贫，因病返贫"的情况，使百姓看病难的问题得到缓解，身体素质将会有所提高。对贫困家庭在教育方面的优惠政策，可以使贫困家庭的学生上学

---

① 乔轶娟、曹万红：《民生改善对扩大消费需求的影响》，《经济研究导刊》2009 年第14 期。

有保障，使全民的受教育程度普遍提高，提升社会的整体人力资本，以自身知识和技能为手段获得收入的人将会越来越多，人员流动性会进一步得到加强。拥有一技之长使个人失业率越来越低，教育的附加还会使人的收入水平越来越高。总而言之，民生改善在社会保障制度上的改革能够解决大多数人的实际收入问题，从而延伸到减少低收入群体的比例、增大中等收入者比例的问题，并进而刺激消费的层面。这样一来，更容易形成中产阶级占多数的橄榄形社会，使更多的社会成员的购买力明显提升，社会的总体消费量增加，促进社会的平稳较快发展。社会成员的购买力普遍增加，内需才能在真正的意义上扩大，我们国家的经济才能得到持续有效的拉动。

第三，民生改善对传统观念形成冲击从而影响消费。民生改善使大多数人民老有所养，病有所医，在生活有了物质保障和法律保障的条件下，人民再不用担心自己的未来，因为有强大的国家做后盾。当稳定而又全面的民生改善局面形成之后，人民就会发现，储蓄作为预防动机，已经没有多大的意义，而且还要承担通货膨胀而贬值的风险，不如当期消费，这样收入的实际价值就不会受到损失。因此，完善的民生政策能解除人民的后顾之忧，并进一步冲击人民的传统文化，使人民逐渐改变储蓄习惯，而更加崇尚消费的文化，促进当期消费的大幅度提升。

从中国实际情况来看，最终消费支出在拉动经济增长中的作用始终偏低。如果将最终消费支出中，政府消费的那部分剔除，余下的私人消费支出对经济增长贡献率就更低。原因主要有两点：一是居民可支配收入有限；二是居民对未来消费的预期限制了当期的开支。为此，在改善民生方面，重点从上述两方面入手，从根本上化解制约消费的限制，构建起具有内生性和可持续性的扩大消费长效机制。

第二节　发展目标

在"十二五"规划中，中国就已经将"扩大消费需求作为扩大内需的战略重点，进一步释放城乡居民消费潜力，逐步使中国国内市场总体规模位居世界前列，建立扩大消费需求的长效机制"作为重要经济发展战略目标，针对经济转型和经济发展，提出"要逐步形成由消费、投资、出口协调拉动，依靠第一、第二、第三产业协同带动，实现区域良性互动、协调发展的经济增长模式"。

因此，我们的发展目标最为重要的就是建立扩大消费需求的长效机制，而这一机制应该由下述五个方面构成（见图 5-1）。

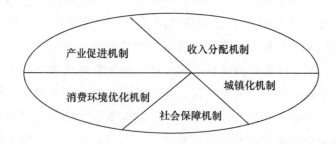

图 5-1　"十三五"时期中国扩大消费需求长效机制构建

一　构建消费供给的产业机制

根据消费结构与产业结构的内在依存关系可知，产业结构的变化受到消费需求状况与消费结构调整的重要影响，但反过来，产业结构也会对消费结构产生影响作用。这主要体现在：一方面，产业结构通过对经济增长产生的影响间接地影响消费需求与消费结构。根据发展经济学理论，伴随着农业剩余劳动力从农业向工业与服务业的转移而同步发生的是经济的增长与产业结构的优化与调整，因此，可以说，经济增长过程本身就是结构变动的过程。在这个过程中，产业结构有可能在自然资源禀赋、生产要素禀赋、技术条件与政府政策选择等因素的变化时发生单方面的变化，从而影响社会的经济增长状况与居民收入水平，进而影响消费需求状况与消费结构。另一方面，产业结构还会直接地对消费结构产生影响，这是通过消费品市场由商品的供求关系决定的。产业结构的调整势必会带来消费品市场中用以交换的产品的数量与种类发生变化，这实际上就是消费者所能够消费的客体和对象发生的变化，它们代表的分别是消费品的供给与需求两个方面，通过供求关系，产业结构便会对消费结构产生直接影响。

产业结构对于消费结构具有重要影响并不等于说任意的产业结构调整都可以对消费需求产生积极的促进作用。因为产业结构代表的是供给结构，而消费结构代表的则是需求结构，由供求匹配原理可知，只有当供给与需求两方面的结构调整方向一致时，二者才具有相辅相成、相互促进的作用，而当二者调整方向或现有状态存在冲突时，负面影响便会产生。所以，不同的产业结构会对消费结构产生或引导或制约的作用，这要视具体情况而有所不同。例如，在一个生产落后、产品数量匮乏、种类不多的经济体中，许多消费需求得不到满足，消费结构只能处于低水平状态，产业结构制约着消费结构的发展；又如，在一个生产技术水平较高，产品数量与种类丰富并具有技术创新趋向的经济体中，代表供给层次提高的产业结构升级可以直接引领和创造消费需求，从而引导消费结构的优化与升级。针对目前个性化、多样化消费需求的现实，技术创新活动不断充斥在各大产业的发展与规划中，在生产领域，企业的自主创新活动最有可能是出于对"便利生活""愉悦身心""满足个性化、定制化需要"等作用开展的，那么由此出现的新产品就最有可能受到消费者喜爱，从而把消费者随机的潜在需求激发出来，引导消费者形成新的消费潮流，带动消费结构向更高一级发展。

综上可知，消费者消费的客体和对象的状况与结构要受到产业发展状况及其结构的影响，那种注重品牌发展和结构优化与升级的产业促进机制可以为消费者提供更优质、更有吸引力的消费品，完善消费供给结构，从而有利于扩大消费需求长效机制的形成。

二　构建合理的收入分配机制

根据西方经济学原理，影响居民消费需求的因素从微观上讲主要包括：消费者收入水平、消费品自身价格、相关消费品价格、消费者预期、消费者偏好等，而从宏观上讲主要包括人口的数量、结构和年龄，居民的整体收入水平，价格指数与政府的消费政策等。从一般性来分析，收入水平的高低是决定居民消费能力的最重要因素，因为消费支出最终取决于消费者本身所具有的收入的多少，在低收入或无收入的条件下，即使消费者偏好非常高、消费品价格非常低、政府鼓励消费的优惠政策非常具有吸引力，但在没有支付能力的条件下，消费需求也无法得到现实的满足。所以，居民消费能力的提升归根结底取决于收入提高问题。

收入水平对居民消费能力的影响主要体现在两个方面：一是人均收入水平对消费规模的影响，这主要反映的是消费规模受收入规模影响的问题。一般来说，在其他条件不变的情况下，一国人均收入水平越高，居民对商品的消费需求规模越大。因为出于生存与发展的需要，人们总是倾向于将增加的收入中的一部分用于消费。尽管在边际消费倾向递减规律的作用下，消费支出在总收入中所占比例具有缩小趋势，但随着人们收入水平的不断提高，消费规模的总量仍然在不断扩大。二是收入水平对于消费结构的影响，这主要反映宏观经济发展中不同商品的消费需求受收入水平变化影响的情况。实际经济生活中，消费者对于商品的需求随着收入增长而发生的变化并非一成不变的，这要视具体的商品而定。有些商品随着收入的提高其需求会不断增加，而有些商品随着收入的提高其需求反而会不断下降。经济学家们把那些需求数量与消费者收入水平同方向变化的商品称为正常品，而把需求数量与消费者收入水平反方向变化的商品称为劣等品。因此，随着收入的提高，消费结构会发生变化，即正常品的消费会增加，而劣等品的消费则会减少。

此外，居民收入水平的差距也会对消费产生影响。收入差距问题往往是与经济增长问题"结伴而行"的，任何国家的经济发展中都避免不了不同人群之间的收入分配差异。目前，中国收入差距现状主要表现为：少数人的个人银行储蓄额已达到相当的程度、以基尼系数表示的收入两极分化程度超过国际警戒线、城乡居民收入差距扩大、城镇与农村内部居民的收入分配差距不断扩大等诸多方面。收入差距最终的结果就是"富人更富""穷人更穷"的局面，这同样会对消费需求产生重要影响，并通过以下两个方面反映出来：一方面，收入差距的存在会缩小消费规模。这是因为在收入差距存在的条件下，少数富人的消费规模虽然很大，但其消费支出在总支出中所占比例较小，他们将会把收入的更大比例用于储蓄、投资与扩大再生产。占总人口绝大多数的穷人的消费支出在总支出所占比例虽然较大，但其消费规模却由于收入水平的限制而难以提高得太多。所以，综合来看，收入差距的扩大势必会带来消费规模的不断缩小。另一方面，收入差距还会影响消费结构。一般而言，穷人的收入更多地用来购买生活必需品，以满足生存型消费需求为主要目的，而富人的收入除了满足生存需要外，还会更多地用来购买高端消费品，以满足不断增长的发展型、娱乐型与享受型的消费需求。所以，收入差距的加大所带来的"富人更富"、"穷人更穷"的局面会限制发展型消费需求的上涨态势，阻碍消费结构的优化与升级。

　　总之，根据消费需求理论，消费者需求量总是受到消费者收入水平的限制；消费者的收入增加，必定有利于消费支出的增加，而消费者收入差距的存在会对消费支出产生负面约束；同时，消费者收入水平与居民总体收入差距都会对消费结构产生影响。归结起来，收入水平提高会促进居民消费能力的提升，并能够带来消费结构的优化与升级，收入差距扩大则会阻碍居民消费需求的扩大，并会制约消费结构向更高一级的发展。因此，我们应该着力于构建收入稳定增长机制、收入分配差距的调节机制及让利于民的节收机制，提升居民的消费能力。

三　构建消费环境优化机制

　　任何消费活动，都必须具备三个基本要素，即消费主体（消费者）、消费客体（消费品和劳务）和消费环境。任何消费主体的消费行为，都是在一定的消费环境中对消费客体进行消费的过程。所以，扩大居民消费离不开对消费环境的优化与提升。

　　在这里，对于那些消费者在生存和发展过程中所面临的对消费行为产生一定影响的，所有外在的、客观的因素都被统称为消费环境[①]，它主要包括自然环境与社会环境两种，而后者又可细分为市场环境、

---

　　① 尹世杰：《消费经济学》，高等教育出版社 2003 年版，第 49—64 页。

文化环境与制度环境三类。消费环境对消费者的消费理念和消费习惯的形成有着重要的引导作用：首先，自然环境对满足人们的生态需要、提高居民消费质量具有极端重要性。这是因为自然与生态环境能够为人类提供大量消费资料，它们不仅能够满足人类最基本的生存需要，还能为人类提供享受需要和发展需要。消费的自然环境中，自然禀赋决定着消费者对消费对象的偏好，自然资源通过对生产力发挥作用决定着对消费对象的供给水平与加工深度，自然环境受到保护的程度决定消费对象的可持续性，自然环境的好坏决定着消费质量的高低，在自然环境受到污染与破坏的情况下，消费品的质量与消费者的身心健康都会受到危及。其次，市场环境对于居民的消费热情与消费信心具有重要影响，这是因为市场环境的优劣直接决定着消费者进行消费时是否要承担风险以及承担风险的大小。良好的市场环境中，商家以诚待客、价格公道合理、广告宣传等信息真实有效，售后服务周到全面，消费者购买商品时能够获得更大的满意度与更小的市场风险，因此容易建立良好的消费信心并激发消费者热情。与之相反的是，在不良的市场环境中，商家往往缺乏诚信，用价格"宰人"、打虚假广告骗人、销售假冒伪劣商品、售后服务质量差等行为屡见不鲜，这会使消费者在购买商品时显得小心翼翼，通常会反复权衡消费获益与可能面临的市场风险之间的关系，此种情况往往会使消费者在生活非必需品的消费上经历犹豫、观望、推迟直至放弃的消费心理过程，使人们消费热情与消费信心受到打击。再次，消费的文化环境对人们消费欲望的产生和消费行为的实施具有重要影响。而消费的文化环境则主要包括宗教信仰、价值观念、消费习俗、消费规范等内容，它们对消费的影响主要表现为：宗教信仰通过继承与沿袭构成影响人们消费需求与消费行为的模式，价值观念使人们因为对消费行为所具有的不同价值评价而表现出不同的消费心理，消费习俗以习惯传递的形式对消费行为产生引导作用，道德规范则通过决定人们的交往而影响人们的消费方式。最后，消费的制度环境对消费起着重要的制约和引导作用。其中，经济制度促进或制约着消费，例如，中国传统的计划经济体制就是一种压抑消费而注重积累的制度，但目前所实行的社会主义市场经济制度则是一种促进消费而注重民生保障的制度形式。政治与法律制度为消费提供安全可靠的消费环境，降低市场运行中的消费风险，保障消费者权益与社会和谐，从而有利于消费活动的良性发展。国家的方针、政策会对消费产生压抑或鼓励性影响，例如，中国所进行的"家电下乡"政策就是一种变原来的抑制消费政策为鼓励消费政策的例子。此外，国家还会通过推动文化创意产品消费、绿色消费、旅游消费、假日消费、教育消费等提供配套政策与制度，从而促进消费的发展与持续。

总之，消费环境优化机制涵盖了消费文化传播、消费制度优化以及消费者权益保护等方面，良好的消费环境可以改善和提升消费者的消费行为，帮助消费者获得更好的消费体验，因此，构建消费环境优化机制对于扩大消费需求长效机制的建立具有非常重要的意义。

四　构建完善的社会保障机制

社会保障制度是通过集体投保、个人投保、国家资助、强制储蓄等办法筹集资金，由国家出面，对生活水平达不到最低标准者实行救助，对暂时或永久失去劳动能力的人提供基本生活保障，逐步增进全体社会成员的物质和文化福利，保持社会安定，促进经济增长和社会进步的一种基本社会制度。[①] 由于社会保障以低收入者、暂时或永久失去劳动能力的人为基本保障对象，所以，它势必与民生问题密切相关，对于居民消费需求具有重要影响。从理论上讲，社会保障体系的建立与完善能够为消费者提供基本生活保障，可以免除消费者预期支出增大之后的后顾之忧，从而具有最大的刺激消费需求增加的效应。然而，据有关研究显示，中国原有社会保障机制的不健全限制和影响了居民消费欲望和消费能力，这主要表现为：[②]

第一，居民消费的群体间失衡与社会救助标准过低。居民消费的群体间失衡指的是高、低收入群体的消费水平存在明显差异。在中

---

①　马斌：《社会保障理论与实践》，中国劳动社会保障出版社 2006 年版，第3—11页。
②　鲁全、郭泓：《社会保障影响居民消费的内在机制及其效应》，《重庆社会科学》2010 年第 8 期。

国，这主要表现为中低收入群体的绝对消费水平与消费增长率普遍偏低的情况，大量中低收入人群的消费潜力没有得到释放，其消费需求甚至基本的生活需要还不能得到满足。从消费需求理论上来看，虽然高收入群体的现实消费规模要大于中低收入群体的消费规模，但后者由于有着强烈的消费欲望与较高的边际消费倾向，尤其是对于贫困人群而言，一旦收入增长，他们会第一时间把收入推向消费市场，购买各种生活必需品，用以满足基本生活与生存需要。因此，如果可以通过社会保障制度增加中低收入群体的收入水平，那么就能够更大程度地促进消费的上涨。然而，中国的现实是，在社会救助金越来越成为贫困群体主要收入来源的情况下，社会救助的标准与力度却迟迟不能提升，中国低收入群体的消费潜力未被充分挖掘。

第二，居民消费的城乡间失衡与农村社会保障制度的滞后。中国的居民消费状况在城市与乡村之间存在失衡现象，农村居民的消费水平较低、消费结构单一，为消费需求的扩大带来不小的阻碍。在传统的城镇化与工业化发展战略的影响下，中国广大农村的经济发展长期处于落后状态，农民增产增收问题迟迟无法得到较好解决，导致农村居民的消费水平与消费结构无法追赶城镇居民的步伐。对于这种情况，农村社会保障制度无法发挥应有的作用，以及制度的滞后与保障标准的低下有着不可推卸的责任。在中国农村，老有所养的问题由于缺乏政府资金的投入而无法有效维持，制度的缺失无法使农村居民在消费时免除后顾之忧，农村社会保障标准相当低下，最低生活保障每月一般只有 70 元，难以维持基本生活需要。这些都使得农村居民的消费潜力无法释放出来，从而阻碍了全国整体消费需求的扩大。

第三，居民消费的地区间失衡与社会保障的地区分割。中国居民的消费状况在不同的地域区间存在着失衡情况，中西部地区与东部地区相比，其消费水平低下，消费结构单一，影响着全局性的消费需求扩大。这种情况除了与商品价格因素、消费品供给来源以及消费环境差异有关外，更主要的还是取决于中国的社会保障制度在不同地区间存在较大差异，并存在地区条块分割现象。从城镇居民的最低生活补助标准上来看，西部地区的补助水平要明显低于东部地区，虽然这两个地区的经济发展水平存在差异，但由于社会救助制度都是为了帮助人们满足基本的生存与生活需要，所以最低生活救助标准不应有如此大的差异存在，地区间社会保障制度的差异问题与分割现象值得进一步思考。

综上可以看出，建立完善的社会保障机制，提升低收入群体与地区的社会保障标准，对于提升居民消费能力、构建扩大消费需求的长效机制也是非常必要的。

五　构建城镇化带动机制

随着二元经济结构转型的推进，中国农村居民的收入水平与消费状况不断得以改善，但从城乡对比角度出发，中国农村居民消费仍然处于较低水平，主要表现为消费规模低于城镇居民以及消费结构有待升级两个方面。为此，需要构建城镇化带动机制，挖掘农村居民的消费潜力。

城镇化进程可以通过促进产业结构的优化与升级大力拉动服务业与中小企业的发展，从而创造更多的就业与创业机会，为农村剩余劳动力的转移提供基础与条件。而农村的就业转移是扩大农村消费的关键，这是因为：第一，通过农村剩余劳动力到城市的就业可以增加农民的收入水平，这便为农村居民消费需求的增加提供了收入保障。第二，农村居民到城镇择业与就业会使其接受城镇居民的消费观念、消费方式与消费习惯，这有利于改善农村居民的消费倾向，增加其健康消费、理性消费以及敢于消费的心理。第三，农村居民向城镇的就业转移可以促进消费结构的升级与优化，这便有利于健康消费、理性消费、合理消费、发展型消费等消费氛围的形成。第四，农村剩余劳动力向城镇的就业转移可以推动第二、第三产业的发展，从而提供更多的耐用消费品与生活非必需品，在恩格尔定律的作用下，农村居民的购买欲望与消费需求会较大程度地被激发出来。第五，农村居民向城镇的就业转移可以通过获得稳定的收入来源而一改其传统的较为悲观的消费预期，并进一步增加其边际消费倾向，从而扩大消费需求。

综上可以看出，构建扩大消费需求长效机制的过程中，建立城镇化的促进机制是必不可少的，这一过程有利于最大限度地挖掘农村居民的消费潜力。

第三节　基本原则

一　促进"三驾马车"更加均衡地拉动经济增长

让我们先来看一组中国近年来的经济数据：从需求角度进行统计，2011年，最终消费对GDP增长的贡献率是51.6%，资本形成总额对GDP增长的贡献率是54.2%，货物和服务净出口对GDP增长的贡献率是－5.8%。2012年，最终消费对经济增长的贡献率为51.8%，资本形成对经济增长的贡献率为50.4%，货物和服务净出口贡献率是－2.2%。2013年，最终消费对GDP增长的贡献率是50%，资本形成总额的贡献率是54.4%，货物和服务净出口贡献率是－4.4%。到了2014年，中国社会消费品零售总额达到27万亿元，比上年增长近12.0%，扣除价格因素的影响，实际增长可达10.9%；全社会固定资产投资51万亿元，比上年增长15.3%，扣除价格因素影响之后的实际增长率为14.7%；全年货物进出口总额26万亿元，比上年增长2.3%。其中，出口143912亿元，增长4.9%；进口120423亿元，下降0.6%。进出口差额（出口减进口）23489亿元，比上年增加7395亿元。2014年，最终消费对中国GDP增长贡献率达到51.2%，资本形成总额对GDP增速贡献率为48.5%，货物和服务净出口贡献率是0.3%。由上述情况可以看出，投资、消费和出口这三大需求对经济增长的拉动具有此消彼长的关系。2014年最终消费对经济增长的贡献率比资本形成高2.7个百分点，消费的贡献一直保持在50%以上；出口一改负数的局面，贡献率成为正数；内需仍然是经济增长的主要动力。

事实证明，消费、投资和出口作为拉动经济增长的"三驾马车"，作用机制各有不同，充分发挥各自优势、实现优势互补，对于促进经济增长具有非常重要的意义。扩大消费需求不是要缩减投资与出口需求，恰恰相反两者更需要找准方向与路子，共同促进经济发展方式的转变与经济结构的优化升级。在全球经济下行的背景下，促进"三驾马车"均衡拉动经济增长，对中国经济稳中求进具有重要意义。在经济"新常态"阶段，中国经济发展的总基调是稳中求进。经济增长的政策导向应该是：把有效投资作为稳增长的关键；把扩大消费作为稳增长的基础；把增加出口作为稳增长的支撑。①

首先，要把有效投资作为稳增长的关键。转变投资驱动型经济结构，不是不要投资，关键是投资应该是有效投资，即能够产生效益的投资、有质量的投资、进一步优化结构的投资。同时还应是能够促进消费需求扩大的投资。为此，一方面，要增加公共产品的有效投资。李克强总理在政府工作报告中提出，要确保完成"十二五"规划重点建设任务，启动实施一批新的重大工程项目。主要是棚户区和危房改造、城市地下管网等民生项目；中西部铁路和公路、内河航道等重大交通项目；水利、高标准农田等农业项目；信息、电力、油气等重大网络项目；清洁能源及油气矿产资源保障项目；传统产业技术改造等项目；节能环保和生态建设项目。"十三五"期间，上述任务需要继续抓紧实施并努力完成。2016 年，中央预算内投资增加到 4776 亿元；铁路投资要保持在 8000 亿元以上，新投产里程 8000 公里以上；重大水利工程已开工的 57 个项目要加快建设，今年再开工 27 个项目，在建重大水利工程投资规模超过 8000 亿元；棚改、铁路、水利等投资多箭齐发，重点向中西部地区倾斜，使巨大的内需得到更多释放。另一方面，要进一步优化投资结构。也就是说，政府不唱"独角戏"，要更大程度地去激发民间投资活力，引导社会资本投向更多领域。各地方都应该推出一批面向社会资本参与的重大项目，并且项目方向可以主要瞄准绿色消费品生产与创造、绿色服务提供、新能源、新材料、咨询等信息产业、个性化的文化创意产业、生物医药、美容养生、健康保健、休闲旅游业、家政服务、家庭健康保健等产业的发展与完善。

① 这部分内容主要参考梁启东在《促进"三驾马车"更均衡地拉动经济增长》一文中的观点。

其次，要把扩大消费作为稳增长的基础。对于中国这样一个有将近14亿人口的大国来说，经济增长应该主要依靠内需拉动特别是消费的拉动，可以说，消费将是拉动中国经济发展的最终决定力量。中国的经济转型，从投资拉动、出口拉动转向消费拉动是必然趋势。在稳增长的动力中，消费需求规模最大、最稳定，而且和民生关系最直接最密切。在全球经济下行压力加大、不确定因素增多的情况下，中国不能再走过度依靠出口、依靠招商引资、依靠扩大产能拉动经济增长的老路。目前，中国是世界第二大消费国，消费份额占世界10%以上。在世界最大的制造业大国的基础上，伴随着中国大国崛起的脚步，很快中国就会成为世界第一消费大国。如果能有效扩大内需特别是消费需求，中国将在国际经济格局中拥有更大的话语权和主动权。因此，要增强居民消费能力，改善居民消费预期，促进消费结构升级，进一步释放城乡居民消费潜力，逐步使中国国内市场总体规模跃居世界前列。通过增加城乡居民收入、提高消费能力、改善消费环境、促进消费结构升级，不断满足城乡居民消费需求。扩大消费要汇小溪成大河，让亿万群众的消费潜力成为拉动经济增长的强劲动力。

再次，要把增加出口作为稳增长的支撑。现阶段，面对全球总需求的不振，中国低成本比较优势也发生了变化。同时，中国出口竞争优势依然存在，高水平引进来、大规模走出去正在同步发生，必须加紧培育新的比较优势，使出口继续对经济发展发挥支撑作用。对外贸易、扩大出口是有效利用全球资源进行国际竞争的直接赛场。虽然现在出口形势不稳，出口通路不畅，但切不可忽视出口的作用。放眼全球，世界上发达国家在其工业化进程中都毫无例外地把快速扩张其对外贸易作为制胜法宝，甚至坐上世界强国的宝座后，仍不放松进出口贸易。所以，不要因为强调扩大内需就淡化外需的作用。现在的问题是加快转变外贸发展方式，着力解决当前中国外贸发展中存在的问题，推动外贸转型升级。要调整进出口贸易政策。强化全球资源配置能力，根据以内需为主导的发展战略，在政府、行业、企业和商品等四个层次上形成强大的协调性和竞争力；要培育有竞争力的国际企业，强化企业"走出去"的能力；不断提升出口商品的质量，提升中国商品的品牌价值；要参与国际规则制定，提高在国际市场上的话语权；着力支持重点出口基地和出口品牌建设，发展跨境电子商务综合服务平台，积极推进采购贸易，拓展多元化国际市场；发展服务贸易，提升服务外包竞争力。

最后，要促进经济平稳较好地增长，在扩大消费需求、发挥消费的最终需求带动作用的同时，必须要同时推进投资与出口的增长，三者均衡发展才能真正拉动经济增长并保持稳定步伐。而在扩大消费需求方面，"十三五"时期，中国还需从以下两个方面进行努力：一是扩大消费需求，即培育居民的消费力，鼓励居民即时消费；二是发展消费经济，即扩大消费品的供给，包括创新生产和服务企业的经营模式，推动消费方式多样化，扩展消费业态，调整消费模式等。

二　促进"需求侧"与"供给侧"对接共同推动经济增长

消费是总需求中的重要组成内容之一，因此，人们习惯上认为扩大消费需求主要是从"需求侧"来推动经济增长，这种观点可以在凯恩斯的有效需求理论中找到强有力的支撑。凯恩斯在《就业、利息和货币通论》中强调的就是"有效需求"这一基本概念，它指的是在总供给与总需求达到均衡时有支付能力的总需求，而由此产生的经济增长"三驾马车"理论所强调的消费、投资、出口三大动力，自然也相应地指向消费需求、投资需求和出口需求。在短期视角和三部门经济框架下，传统宏观经济学理论认为，有效需求总是不足的，消费者边际消费倾向递减会导致消费需求不足，资本边际效率递减和强流动偏好会导致投资需求不足，并认为这是形成生产过剩危机并导致高失业率的直接原因。加入开放经济因素做分析后，传统宏观经济学理论在四部门经济框架下认为，净出口需求受到实际汇率的影响，而影响程度则最终取决于该国出口商品在国际市场上的需求弹性和国内市场对进口商品的需求弹性，总而言之，最终落脚点仍在"需求侧"。

然而，仅仅从"需求侧"来认识经济增长的动力问题，常常使现实经济发展中的很多现象难以得到合理解释。首先，仅从需求侧看消费会带有过强的静态特征，这与真实产品市场中种类更新日新月异这一现实大相径庭，许多新消费动力的产生并非因为消费需求发生了变化，而恰恰是消费的供给发生了变化。其次，仅从需求侧看投资，则带有过强的主观特征，按照对投资需求的重视，似乎刺激了投资需求就能够在经济体量上有所体现，而现实的经济实践绝非如此，最典型的例子就是中小企业投资需求强烈而充分，但投资供给却往往跟不上；同样的投资规模，不同的投资机制和投资结构，结果可能有天壤之别，诸如此类例子不胜枚举；资本市场中如资源错配、结构性失衡的格局长时期存在，在这种情况下再大力刺激需求于宏观经济，显然易导致"长板"更长、"短板"更短，百害无一利。最后，仅从需求侧看出口，则多带有纯比较优势理论与纯汇率理论主导的色彩，出口产品在国际市场中影响力越大，则对本国宏观经济增长的拉动作用就越强，这种利用经济学抽象模型演绎的分析无可厚非，但真正落实到全球化背景下的开放经济中，发展中国家通过后发优势赶超发达国家的增长路径显然难以得到全面解释。单纯的实际汇率的变化并无如此大的魔力，往往是先进经济体对后进经济体的"高端选择性供给"在双边贸易的中长期基本格局中具有某种决定性意义。综上可以看出，单单从"需求侧"对消费问题进行分析往往会遗留很多问题，从而无法对经济增长做出合理的诠释。故而，对"供给侧"进行关注成为一种必然。①

显然，"三驾马车"所强调的消费、投资和出口三大方面的需求只有关联到消费供给、投资供给和出口供给，才有可能对应地成为各自需求的满足状态，其中蕴含着由需求侧"元动力"引发的供给侧响应、适应机制，或称其所派生的要素配置和制度安排动力机制。事实上，人类从茹毛饮血时代发展到今天，我们已看到了科技革命产生的巨大生产力飞跃，创造着上一时代难以想象的供给能力，同时这些原来让人难以想象的供给，并没有充分满足人类的需求，原因在于人类作为一个适应环境进化的物种来说，其需求是无限的。正因为如此，现实地推动人类社会不断发展的过程，虽然离不开消费需求的动力

---

① 参见贾康、苏京春《"三驾马车"认知框架需对接供给侧的结构性动力机制构建——关于宏观经济学的深化探讨》，《全球化》2015 年第 3 期。

源，但也离不开有效供给对于需求的回应与引导。我们所处的当今时代，全球化的社会化大生产所具有的突出特点，就是供给侧一旦实行了成功的颠覆性创新，市场上的回应就是数量众多的交易生成，从而实实在在地刺激需求增长。这方面例子已有很多，比如乔布斯和他主创的苹果产品，"互联网电子商务与金融"这种带有一定颠覆性特征的创新等。这些动不动就席卷全球的供给侧创新，其真正作用是引导式改变，改变产品市场的数量、机制、构造和联系，当然也改变了需求的种类、范围、激励和方式，体现在宏观经济中一定是形成增长的动力。再如，不论是理论工作者还是实际工作者，所普遍认可的"创新驱动"，显然是一种关于发展动力的描述和认知，但如果放到需求侧与供给侧的分别考察中，便可知是指供给问题。因为需求是永无止境的，即是"永新"也是"无新"的，调控管理所讲的有效需求，只能是指有货币支付能力的需求，即可通约总量状态下的有支付意愿与能力的需求，这无所谓其"创新"含义；唯有到了供给侧，创新才是有实质意义的、必然具体细分（即结构化）的且不确定、千变万化的，因而特别需要制度激励。在一般而言的经济发展中，供给侧的调控管理均不可回避和忽视，对于后发、转轨的经济体，供给管理的重要性还往往会更为突出，比如中国，在特定阶段上和历史时期内，以制度供给统领的全面改革式创新驱动，必然成为其可持续增长的现代化过程能否如愿实现的"关键一招"。

但是，这并不是说发展中经济体的一定阶段必然会出现"供给侧"比"需求侧"更为重要，或者说"供给侧"成为经济增长动力源泉，而是说在强调"需求侧"的同时，在我们分析扩大消费需求的问题时，需要将"供给侧"纳入考虑范围，通过促进"需求侧"与"供给侧"的对接才能共同推动经济增长与进步。

三　处理好扩大消费规模与优化消费结构的关系

扩大消费需求主要包括两个方面内容：一是扩大消费规模；二是优化消费结构。经济实践中，必须将二者有机结合起来，正确处理好二者关系，不可偏废其一。

消费规模指的是消费者人均消费的商品和劳务的数量，从静态角度来考察，任何时期的消费都是由生产决定的，在生产量既定的前提下，消费必须受到当时生产水平的制约，从而消费规模必须同消费品的生产相适应。从表现形式来看，消费规模有两种：一种是以实物形式表现的实物消费量，它用于反映某种消费品的消费规模；另一种则是以价值形式表现的消费支出或消费额，它主要用于反映多种消费品或劳务的消费规模以及消费的总体规模。在第二种表现形式下，消费规模可以从消费主体和消费客体两方面反映出来，反映消费主体的规模指标主要有：全社会总消费、社会消费支出、居民消费支出等，而反映消费客体的规模指标则主要有：生活消费总支出和各类生活消费支出，主要消费品的实物消费量等。总而言之，消费规模是反映消费情况的总量指标，主要用于研究消费积累比例和国民经济综合平衡。

消费结构相比较消费规模而言其内容更为复杂，关于消费结构一词虽然被广泛应用，但学界对其确切定义却有着不同的认识。具有代表性的观点有：人们在消费过程中所消费的不同类型消费资料的比例关系；在消费行为过程中，各类消费品和劳务在数量上各自所占的百分比及其相互之间的配合、替代等比例关系；在需求和供给的矛盾运动中形成的各类消费资料（劳务）在消费支出总额中所占的比例及其相互关系；人们生活消费过程中各种社会因素、自然因素内部以及社会因素与自然因素之间的相互关系和数量比例的总和。这些观点为人们深入研究消费结构奠定了基础，但这些定义也存在一些不足，把消费结构的概念仅仅规定为比例关系，没有反映其内涵，没有反映对质的要求及其质与量的相互协调性。实际上，消费结构应包括质与量两个方面的统一。消费结构的"质"包括消费品本身的质量、生活消费中各种消费品的相互协调状况、消费环境和消费者本人享受各种消费品的能力，也包括直接反映生活消费过程中的舒适和便利程度，以及人们在心理上、精神上所得到的享受与乐趣。消费结构的"量"是各种消费对象的实物量和价值量的统一。消费结构从质与量的规定性出发可定义为：人们在生活消费过程中所耗费的各种消费对象的构成及其协调程度。也就是指各种不同内容、不同形式的消费在消费总体中所占的比重以及它们的相互关系。比如，按照人们消费的实际内容来划分，可以把消费分为吃、穿、住、用、行这样的结构；按照消费形式来划分，可以把消费分为实物消费和服务消费这样的结构。此外，消费结构，还可以指一国在一定时期内用于生活消费的各种消费资料的比例关系，以及各种消费方式、消费形式、居民各阶层、各地区消费水平之间的比例关系的总和。总之，消费结构所涵盖的范围比较广，要根据具体的研究内容进行具体的分析。即便如此，我们仍然可以对消费结构进行分类，一般而言，主要有三种分类方法：（1）实物消费结构和价值消费结构。前者由一系列消费资料和消费服务的实物名称和数量来表示，后者则通过人们收入中各项货币支出的数量和比例来表示。在中国，当前实际消费的实物结构中还包括一定量的自给性实物消费，这部分一般不通过价值结构表现。（2）宏观消费结构与微观消费结构。前者指整个社会的消费结构，表明总体的消费数量和比例关系，从总体上反映一个国家或一个地区的消费结构状况。后者指某一家庭或个人的消费结构，它从一个消费单元上反映消费结构状况，并成为宏观消费结构的基础。前者与国民经济状况及国民收入水平相适应，后者与消费者收入及消费对象的价格变化相适应。（3）不同社会集团的消费结构。例如，农民家庭的消费结构和城市职工家庭的消费结构等。影响消费结构的因素是多方面的，主要有：社会生产力发展水平、社会经济制度、产业结构、消费者的收入水平、消费品价格与消费决策（引导）以及人口的社会结构和自然结构所决定的需求结构、消费者心理和消费行为、自然环境等。另外，在宏观经济领域，能够对消费结构进行定性衡量的指标还经常包括"恩格尔系数"，它是由 19 世纪中叶德国统计学家恩斯特·恩格尔提出的。食品支出占家庭总支出的比重，就被称为恩格尔系数即恩格尔系数 =（食品支出/家庭总支出）×100%。通过计算恩格尔系数，我们不仅可以大致推知家庭生活水平的高低，还可以对消费结构做出整体把握。恩格尔系数过大，必然影响其他消费支出，特别是影响发展资料、享受资料的增加，限制消费层次和消费质量的提高。恩格尔系数减小，通常表明人民生活水平提高，消费结构得到改善。

由上可以看出，扩大消费规模和优化消费结构的实质就是居民消费数量和消费质量之间的关系。扩大消费规模就是要增加消费数量，即让"没钱的人有钱花"、"有钱的人敢花钱"；优化消费机构就是要改善消费质量，让原来以生存型消费为主的结构类型向发展型和享受型消费发展。因此，扩大消费规模可以为优化消费结构提供更多的基础和支撑，优化消费结构又可以为扩大消费规模提供更多的出路和供给，两者之间是相互依存、相互影响、协调发展的关系。我们在做出扩大消费需求的政策选择时必须要处理好两者之间的关系。

四 处理好居民实物型消费与服务型消费的关系

一般来说，将消费品市场按照所消费对象的物理属性不同，可以分为实物型消费和服务型消费两种。其中，实物型消费是指人们用于满足衣、食、住、用、行需求方面的消费，主要以纺织服装、食品饮料及日常用品等的消费为代表，属于生存型消费；而服务型消费则是指用于人们支付社会提供的各种文化和生活方面的非商品性服务费用，消费的内容涵盖教育、文化、交通、通信、医疗保健等不同领域，一般可分为：餐饮服务、衣着加工服务、家庭服务、医疗服务、交通通信服务、教育文化娱乐服务、居住服务和其他服务八大类别，属于发展型消费。

中国正在经历一场消费结构升级"革命"。一方面，城乡居民的物质型消费需求基本得到满足，服务型消费需求不断增长。物质型消费在经过了"井喷式"的消费扩张后，在满足基本的衣服、食品等需求的同时，城镇居民家庭日常生活中使用的"大件"基本普及，农村居民家庭"大件"普及度也明显提高。例如，2012 年城镇居民每百户家庭拥有 126.8 台空调、87 台电脑，农村居民每百户拥有的摩托车达到 62.2 辆。对大多数家庭而言，耐用消费品支出已不再构成主要的支出压力，以前流行的家庭"三大件"基本上淡出了消费领域。与此同时，服务型消费的增长态势逐步显现，有统计分析表明，2005—2015 年中国城镇居民人均服务型消费支出从 3116 元提高到 6260 元，年均增长 11.04%，近些年来，服务型消费支出比重均保持在 40% 左右的高位。另一方面，伴随着从物质型消费到服务型消费的升级而来的，还有生存型消费比重的不断降低与发展型消费的持续增长。虽然城乡居民用于食品、衣着的消费支出规模不断上升，但在整个消费中的比重不断下降。从城乡居民消费结构看，1990—2013 年，城镇居民消费支出中食品和衣着的人均消费规模从 864.7 元提高到 8213.9 元，支出占比从 67.61% 下降到 45.58%；农村居民消费支出中食品和衣着的人均消费规模从 389.2 元提高到 2933.8 元，支出占比从 66.58% 下降到 44.28%。与此同时，中国城乡居民的发展型消费需求不仅在规模上持续提升，而且在消费总支出中的比重不断上升。据统计，1990—2013 年，城镇居民现金消费支出中发展型消费需求的支出比重从 32.39% 提高到 54.42%；农村居民现金消费支出中发展型消费需求的支出比重从 33.43% 提高到 55.72%。以医疗保健、交通通信和文教娱乐三项支出的变化为例。不考虑价格因素，1985—2013 年，中国城乡居民人均消费支出年均增长分别为 12.46% 和 11.46%，其中医疗保健、交通通信和文教娱乐三项支出的年均增速分别达到 16.47% 和 16.62%，超出人均消费性支出增速 4—5 个百分点。

这场消费结构升级的"革命"势必蕴含着巨大的消费潜力。初步估计到 2020 年中国消费市场规模将达到 40 万—50 万亿元，国内市场规模位居世界前列。13 亿人消费大市场的初步形成，不仅成为保持中国 6%—7% 增长率的突出优势，而且成为中国经济转型升级的重要推动力。首先，城镇居民的消费潜力巨大。城镇居民消费结构不断升级的重要特征是消费级别的跃升，消费水平从 10 多年前的百元级、千元级升至近几年的万元级、十万元级甚至百万元级，消费档次越来越高，并且消费周期越来越短。城镇居民消费级别的跃升带来消费规模的急剧攀升。2000 年城镇居民的消费总规模为 3.14 万亿元，2005 年以后基本上以每年跨越一个万亿级的速度在递增，2013 年达到 16.73 万亿元，增长了 5.3 倍。预计"十三五"时期，随着城镇居民消费结构向服务消费升级，城镇居民消费潜力仍将呈现快速释放的趋势。其次，农村居民的消费潜力巨大。进入 21 世纪以来，尽管中国城镇化速度在加快，农村人口不断减少，但在消费结构升级的大趋势下，农村市场仍然保持了较快增长的态势。2000 年，农村消费总规模为 1.5 万亿元，到 2013 年提升到 4.66 万亿元，13 年间增长了 3.1 倍。"十三五"时期，随着城乡一体化进程的加快，农村潜在的巨大消费需求有望得到快速增加。最后，"十三五"消费规模有再倍增的空间。2001—2013 年中国城乡居民消费水平年均实际增长分别为 7.01% 和 8.73%。如果 2014—2020 年按照 2001—2013 年的平均速度增长，到 2020 年城乡居民人均消费水平将分别达到 41105.67 元和 11905.02 元。考虑到 2020 年人口规模将达到 14 亿人，城镇化率将达到 60%。初步估算，2020 年中国居民消费规模将达到 45.23 万亿元，在 2013 年消费总规模 21.4 万亿元的基础上实现倍增。①

实物型消费转向服务型消费的升级过程将会为经济转型升级创造主要动力，这是因为：第一，消费升级导致消费将会取代投资成为拉动经济增长的主要引擎。中国原有的经济增长模式带有投资与出口主导的突出特征，但自 2011 年以来，在消费结构升级的作用下，增长模式出现了历史拐点，消费贡献率开始超过投资贡献率，消费取代投资成为拉动经济增长的第一引擎。第二，消费升级会推动中国经济结构的服务化进程并推动新兴产业的快速发展。2001—2008 年，中国服务业占 GDP 的比重一直徘徊在 40%。但从 2012 年开始，服务业比重明显提高，当年比重提高超过 1.3 个百分点。到 2014 年年末，服务业增加值增速已经连续 8 个季度超过 GDP 和第二产业的增速。2013 年中国文化产业增加值增长超过 15%。2014 年，中国信息消费规模达到 2.8 万亿元，同比增长 25%；电子商务交易额超过 12 万亿元，同比增长 20%。

由上可以看出，在当前消费升级阶段，作为提升居民生活质量的主要途径——服务型消费增长迅速，在居民消费总量中的占比逐年增加；但是，实物型消费由于是居民衣食住行消费的主要形式，也是民生得以保障的前提，所以在居民生活中仍然占有非常重要的位置。因此，如何处理好居民实物型消费与服务型消费的关系，充分发挥两者在提升居民生活质量方面的作用，实现科学的均衡发展，具有非常重

---

① 《我国消费结构升级：生存型消费转向服务性消费》，http：//finance. eastmoney. com/news/1350，20150407494063685. html，2015 年 4 月 7 日。

要意义。

五 处理好扩大消费与资源环境承载能力的关系

在对消费的理解中，不同的理论学家与实践者都认识到了消费的重要性。消费是所有居民最终的需求，是民生问题的关键所在；消费决定生产，没有消费需求，生产就难以为继；消费需求的增长是直接拉动经济持续增长的原动力；通过扩大居民消费需求，才能提高居民的消费水平和生活质量，促进消费结构优化和生产结构与产业结构的优化与升级，从而形成新的消费热点和经济增长点，促进消费需求与经济增长之间的良性循环。总之，消费是人类得以生存和发展的前提和基本条件。

然而，我们仍然不能忽略的是，消费在给予人们以及社会诸多"礼物"的同时，也会进行"索取"，它是通过人们对各种劳动产品的使用和消耗才得以最终实现的，[①] 这意味着消费必然会涉及商品在满足人的需要过程中的自然磨损、损耗或消耗。同时，由于劳动产品的生产需要借助来自自然界的原材料、人类的劳动以及生产经验、生产运作资本等的共同作用，因此消费商品本身还会间接地消耗自然资源。所以，马克思认为，吃喝是一种消费形式，即自然形式的消费。[②] 事实上，人类消费行为与自然环境之间的关系是双重的，一方面，作为消费客体（或对象）的劳动产品主要源于大自然，其必然会由于规律性的生命周期而呈现出有限供给性；另一方面，人类无限的消费需求除了要通过对劳动产品的消耗来得以满足外，还会通过消费行为给环境所带来的污染问题，构成对大自然与生态的双重破坏。因此，人类的生存和发展，如果没有自然资源作为原材料生产出来的劳动产品，以及生态环境所提供的各种生态服务与环境服务，消费只能是无水之源，无本之木。同时，由于劳动产品与自然资源的有限供给性与人类消费需求的无限性构成鲜明对比，故而消费与资源消耗之间往往会形成冲突与矛盾。

---

① 林白鹏、臧旭恒：《消费经济学大词典》，经济科学出版社 2000 年版，第 3 页。
② 《马克思恩格斯全集》第 1 卷，人民出版社 1972 年版，第 32 页。

中国是一个人口众多，资源相对匮乏的发展中国家，这使中国居民消费需求的满足与自然资源和环境消耗之间的矛盾可能更加深刻。不仅如此，与西方经济发达国家的资源利用效率相比，中国还存在粗放型资源利用方式和经济增长方式，导致能源等资源性产品利用效率偏低，生态环境破坏严重。于是，在技术进步与发展模式于短期内难以改变与调整的情况下，人均资源占有率偏低及资源利用效率的低下共同决定了中国经济增长和居民收入增长带来的生活水平提高，必将在较大程度上加剧资源环境约束。特别是中国长期以来狭隘而偏颇地将经济增长与环境保护对立起来，片面强调"以经济建设为中心"，追求短期经济增长、忽视资源环境保护为目标的"增长近视症"问题，使中国在资源节约与扩大消费方面的矛盾日益突出。事实证明，中国居民消费水平提高和消费结构升级增加了资源消耗的数量和规模，提高了资源消耗的强度，对人类赖以生存的自然生态环境造成了越来越严重的压力；而一次性消费、破坏性消费等不可持续的消费方式，使这一问题更为严重，能源、淡水、森林等资源性产品供给日益趋于紧约束。[1]"越来越多的事实表明……不可持续的消费形态对有限的能源、资源已构成巨大压力，尤其是……不合理的生活消费极大地破坏了生态环境，由此危及人类自身生存条件的改善和生活水平的提高。"[2]

这种传统意义上的扩大消费，是以增加资源消耗数量和强化资源消耗程度为主要途径的，难免形成与资源节约之间的矛盾和冲突。而我们在这里所说的扩大消费并不是传统意义上的概念，并非以资源浪费、无益损耗为代价，而是以资源环境承载能力为依据，通过科学的、环保和集约的方式实现的。一方面，我们要提升消费对经济增长

---

① 在这里，所谓的"资源性产品供给紧约束"，是指一个国家或地区的人均土地、能源、淡水等资源性产品存量和生态环境容量显著低于世界平均水平，对产品和服务的生产与供给，进而对居民消费需求实现而形成的一种显著偏紧的限制和约束状态。参见许进杰《扩大消费、资源节约与生态文明消费模式》，《兰州商学院学报》2013 年第 8 期。

② 国家环境保护局：《中国 21 世纪议程——中国 21 世纪人口、环境与发展白皮书》，中国环境科学出版社 1994 年版，第 39 页。

的拉动作用；另一方面，我们还要关注环境承载能力，避免由于过度消费造成杀鸡取卵、竭泽而渔的不良结果。正确处理资源节约与扩大消费之间的关系，坚持生态优先的消费导向，将生态价值贯穿扩大消费、调动内需的全过程，将有利于促进资源利用方式和经济发展方式的根本性转变，实现经济、社会和生态的协调发展。

第六章　经济新常态阶段中国扩大
消费需求的对策建议

第一节　培育和扩大新的消费热点

一　调整产业结构

产业结构影响着消费结构，要扩大中国市场上的消费需求需要不断地对产业结构进行调整。而调整产业结构需要注意两个方面：一方面，要通过产业调整挖掘就业岗位，减少由于失业问题给中国消费需求所带来的收入约束；另一方面，则要通过产业调整来实现产品与服务的升级和优化，加强消费品质量与科技含量的提高，从而满足并进一步引导消费者需求。

首先，在应对与解决失业问题方面，我们需要充分发挥中国的劳动力资源优势，采取过渡期的产业发展政策。随着中国二元经济结构的转型，农村劳动力不断实现向城市非农产业的转移，"人口红利"逐渐消失，但是，总体来看，中国还处于刘易斯转折区间，农村的隐性失业者还大量存在。为了很好地帮助这些隐性失业者实现就业，一方面，我们需要在产业调整中注意创造新增就业岗位，主要包括发展中小企业、推动第三产业发展与鼓励劳动密集型企业的建立等。其中，发展中小企业对于就业促进的作用主要是因为，中小企业一般具有规模小、就业方式灵活、运营管理方便、劳动密集程度高、发展快、数量多等一些大中型企业所不具备的特点，导致其就业"门槛"低，可以提供更多的就业岗位，从而为劳动者提供更多的就业机会，解决城乡富余劳动力的就业问题;推进第三产业的发展是与中国居民当前生活水平的提高密不可分的,随着收入水平与生活水平的提高,人们对于休闲娱乐方面的关注不断增多,这就为以服务业为主的第三产业发展带来发展契机,而第三产业对于劳动力的需求同样具有门槛低的特点,从而为大量的隐性失业者创造了就业条件,服务业与旅游业的发展将会成全更多低学历和来自农村的打工者;鼓励劳动密集型企业的建立虽然是与产业结构升级①的方向有所背离,但由于在过渡时期,中国面临着劳动力供给压力,所以,为了减少产业结构升级过程对劳动力就业空间的削减,我们必须要在适当的领域中采取优惠政策鼓励某些劳动密集型企业的发展,以利用中国劳动力资源丰富而廉价的优势并解决隐性失业人口的就业问题。

另一方面,除培养新增就业岗位外,我们还需要在劳动力社保、就业信息平台以及劳动力素质提升等问题上下功夫。对于劳动力社会保障体系而言,增加社保资金的筹措渠道可以鼓励企业雇用更多的劳动者,为此,中国地方政府在财政上可采取岗位补贴的办法,承担一部分社保成本,以刺激或鼓励企业乐于吸纳失业人员,提供更多就业岗位;对于就业信息平台的建设而言,它是使用市场化方法帮助劳动力实现就业与再就业愿望的一种形式。从长远来看,为劳动力提供更加便捷与顺畅的寻找工作渠道比给予其公益性扶持的作用更大,这有利于企业与劳动者之间的沟通,能够促进二者之间的动态优化组合。为此,政府可以提供公共服务性质的帮助,创建劳动力供求信息的网络平台,开设企业、劳动者与政府三重注册口径,企业发布劳动力需求信息,劳动者可上网完成简历投递,政府对全过程实施监督。在标准化运营的基础上不断优化这一模式,最大限度地挖掘网络优势,建立信息系统和职业信息库,实现劳动力供求双方的适当匹配。对于劳动力素质的提升而言,我们需要充分利用职业教育的优势与作用。目前,中国有很大一部分失业问题是由于劳动力在面临产业转型时,其

---

① 产业结构优化与升级过程往往表现为劳动密集型企业向资本、技术密集型企业的转变。

自身知识储蓄与技能水平无法适应所导致的，这就使职业培训成为必需的转型手段。为此，政府应该站在战略高度，为劳动力素质提升制定切实可行的职业培训方案与制度，并在财政支出方面加大支持力度，减少企业经费困扰，免除其后顾之忧。培训机构在考虑经济收益的同时也要肩负起社会责任，切实为社会发展培养所需的技术人员，做到让学员学有所得，学到扎实技能；职业技术学校也应在接受国家相关补贴的基础上认真开设岗位所需的专业课程，让学生掌握过硬本领，为企业与社会培养高素质高技能人才。

其次，在消费品与服务的优化与升级发展方面，我们需要从三个方面加以努力：

第一，加强三大产业内部的发展，充分利用各自优势，实行有针对性的发展策略。具体来说，在农业产业上，应注意以自主品牌为产业发展方向，形成更多的农产品品牌，培育农产品深加工产业集群，通过生产真正健康生态的农产品来占领国内与国际市场，同时注重增加农民收入，以促进农村消费需求扩展；在工业产业上，要充分发挥其产业技术优势，以提供具有较高性价比的商品吸引更多的国内和国外消费者；在服务产业上，应优化传统生活服务业，重点发展现代服务业，加快发展与人民生活密切相关的教育、文化、卫生和旅游产业，大力促进连锁经营、物流配送、信息传输、计算机服务和软件业、电子商务、金融等新兴产业。

第二，要充分利用中国已有的技术优势开发高技术含量的生活用品和文化产品，适应并带动目前的多样化、智能化与个性化的消费需求。为此，我们需要加大科技研发资助力度，促进高科技成果产生、转化与运用，引导企业开发和生产出高品质、高科技含量的生产需要产品和生活需求商品；同时，在中国当前注重发展国家文化软实力的大背景下，我们还需将传统文化与现代技术相融合，注重精神产品的生产与开发，满足人们的精神需求，升级打造地方特色的消费需求。

第三，适应经济发展方式转变的需要，大力扶持循环经济模式的建立。发展循环经济首先要从宏观政策和微观规制上建立保护资源的制度和机制，控制资源依赖型产业和企业的发展，更要加大对节能环保技术和设备的投入。循环经济模式不仅节能环保，适应现代人对于绿色消费品的需要，更能创造就业岗位，增加一部分人的收入，提高其消费水平。

二　促进有效供给

前文已经述及，有效供给是与市场主体的消费需求以及消费能力相适应的供给，是以市场的供需平衡为基础的产品供应。当前，中国有效供给不足主要体现在两个方面：一是产品质量参差不齐，部分产品还处于全球价值链的最低端；二是产品的价格较高，部分产品对于大众消费者而言仍然"太高端"。这两个方面共同作用导致消费者的国内消费热情仍然具有较大提升空间。针对这种情况，中国提出了供给侧结构性改革的"系统工程"，它既涉及企业，也涉及政府；既与技术水平密切相关，又与制度割舍不断。但归结起来，要提供有效供给主要还是离不开两点：一是针对产品功能、品种与质量问题，也就是产品品质问题，生产消费者有需求愿望又具有市场潜力的产出；二是促进产品成本价格的降低，通过产品销售价格的大众化来促进需求增长。为此，我们需要从以下几个方面努力：

（一）进一步深化市场经济体制改革

20世纪90年代，中国进行了全面的市场经济体制改革，但迄今为止中国体制改革仍然存在滞后的方面，即市场机制在中国经济发展中所应该起到的重要作用没有体现出来，市场不完善、非均衡的状况仍然具有加剧的趋势，这为有效供给的提升造成了较大障碍，为此，我们需要深化体制改革，主要从行政体制、企业制度、投融资体制、资金配置等角度着手。在行政体制上，中国政府需要从根本上转变行政职能，以发挥市场的基础性作用为着眼点，努力把市场能够解决的事交还给市场，政府应退居间接调控者的位置，努力解决好那些市场经济自身无能为力的问题，通过建设法制型社会，为市场主体营造公正、自由、安全、有序的市场竞争环境。在企业制度方面，要在现代企业制度理论的引导下，明晰企业产权，使企业真正成为自我约束、独立经营、公平发展的市场主体，对于国有企业则要继续进行股份制与私有化改革，充分激活国有控股的经营管理模式，使所有企业处于同一市场平台上，公平竞争，有序发展。同时还要努力实现科教文卫等事业部门的产业化与商业化，促进市场化力量有效地调节相关部门发展，形成与需求相匹配的有效供给，避免事业部门的供给过剩。在企业的投融资体制改革方面，中国还需推行有所侧重的投融资政策，给予非国有经济以资金上的支持，逐渐在意识形态上消除对私有制经济的偏见，要尽快完成中国四大国有商业银行的企业化改革，提高资金配置效率，从而通过激活资本市场来促进有效供给的提高。

（二）进一步加大供给结构调整力度

在产业结构优化升级的带动下，中国供给结构具有积极向上的发展趋势，但要尽快改变有效供给不足的局面，仍需进一步加大调整力度、加快调整步伐。为此，中国需要以市场为导向调整供给结构，以推动科技水平大力发展为根本性调整动力，提高国民经济整体素质以及中国在国际上的总体竞争力。第一，要以国有企业改革为重点，加快推进所有制结构的优化与调整，可以采取使国有经济从竞争性行业中退出的途径，由政府对"退出"程序做出周密安排，并给予政策上的补偿；对于部分需要保留的国有企业，可以实行产权多元化改革的方式，引进竞争主体，取缔不合理的产权结构。第二，在市场机制的调节下，充分调整产业结构，并注重产业结构调整的功能性作用，扶持国家重点产业与支柱产业的发展，提高这些产业的集中度与密集度，形成重点产业集群，国家可以对这些产业发展给予资金与政策上的支持。第三，针对中国目前存在产能过剩的领域实施淘汰与更新机制，通过完善《企业破产法》、减产压库、企业兼并重组、企业改制或破产清算等办法淘汰落后的生产能力，扶植潜在企业的发展，把开拓未来市场空间的任务交给真正能够担此重任的生产者去完成。第四，我们还需要对以需求管理为主要理论导向的财政政策与货币政策进行调整，使其向支持结构调整的方向倾斜，成为供给与需求并重的宏观经济调控政策。

（三）培育完善的产业链和产品生态链

在西方国家的科技创新产业中，"商业生态系统"备受关注，它正是产品生态链的代名词。这一名词所代表的"创新经济"形式充分证明了产品生态链对于产业发展与经济持续快速增长的重要性。中国在国际竞争日趋激烈的背景下，要想提升企业核心竞争力就必须要形成具有独立优势的产业发展链条，形成相关企业的融合与优势互补，消除经济发展中的"盲区"，围绕支柱产业、核心技术与主导产品进行配套产业与产品的开发，构建相关企业和产业之间的沟通与互动交流平台，发挥不同企业与产业之间的产业联动效应，形成高新技术的配套发展与集约型跟进，并通过产业链的合理搭配促进产业层次提高。

三 规范市场秩序

目前，中国在市场经济体制改革的过程中又突发了很多新的矛盾与问题，市场秩序混乱就属其一。坑蒙拐骗、有失诚信的市场行为使消费者失去了信心，也使其在参与市场活动时往往具有了较坏的前景预期。要克服这种现象，中国政府必须要保持清晰的头脑，理清思路，充分正确地辨识市场秩序混乱的根源。事实上，市场秩序是否井然并非表面上所看到的那样简单，它不是由立法不足、执法不严、处罚过轻、市场主体道德沦陷等问题所导致的，而是根源于利益关系不畅。为此，我们必须从辨明市场利益结构入手，找到导致市场秩序紊乱的根源，通过协调利益关系来规范市场秩序。

（一）要做到坚持"标本兼治，重在治本"

"治标"主要指的是在立法、执法、处罚等层面继续加大对市场秩序的行政与强制管理，立法上中国需要进一步细化相关法律法规，完善《反垄断法》等规范市场体系活动的法律建设；执法上中国政府需要进行行政执法建设，提高执法队伍素质，完善执法程序，营造公平、公正、合理的执法氛围；行政处罚上轻重结合，适当从重，加大对扰乱市场秩序行为的威慑。"治本"指的则是从根本上清除那些给市场秩序带来混乱的利益冲突，主要涉及的是制度层面、组织层面以及道德层面的利益机制重构。在制度层面，我们需要进一步推动各方面的制度转轨，秉承自由、诚信、公平、竞争的市场运行理念，形成有利于市场主体有序展开经济活动的制度环境，包括法律制度、交易制度、分配制度、组织制度等各个方面。组织层面，我们需要规范企业组织、政府行政组织以及个人的行为，完善各经济主体的组织化程度，在用严格的组织化手段实施管理的同时，也要注意灵活地运用经济扶植等手段促进合法收益机制的形成。在道德层面，政府需要发挥政策导向以及舆论优势，在全社会范围内倡导诚实交易美德，对企业、个人等市场主体的守信行为予以嘉奖，利用党员的模范作用在全社会成员中宣传职业道德，建立市场信用管理体系，重构市场交易的道德规范。

（二）要在纠正"政府无用论"的基础上明确政府在治理市场秩序中的主体地位，并同时推动治理主体的多元化改革

中国是社会主义国家，曾经大一统的历史使中国居民对政府抱有极大的幻想与希望，当市场秩序出现混乱，政府治理效果不佳时，人们往往会怀有"市场秩序无为而治"的思想。诚然，中国政府在治理市场秩序中确实存在着"执法不严""政出多门""关系户夺利"与"过度管理"等冲突或问题，但这些问题正在不断地扭转中，政府的作用需要进一步得到认可，治理手段需要不断进行完善。中国在此过程中必须要明确政府治理市场秩序的主体地位，同时还要积极地推动治理主体的多元化。为此，政府需要在那些力所不能及的领域与范围内，积极培育其他治理主体，利用其他相关利益群体的力量，形成对市场秩序的综合治理。一方面，政府可以通过放权等手段，扶持中介组织的发展，形成具有行业约束力的社群发展的局面，依靠这些中间机构与社群中心的发展规范市场秩序。另一方面，中国政府可以通过网络通信技术构建诚信网络系统，联合企业、银行、机关、团体等共同监督市场利益主体的行为，形成利益相关者联盟。与此同时，中国政府必须以宏观调整者与规则制定者的身份把握全局，对于上述那些中介组织、中间机构、利益联盟进行有效的约束与监督，规范中介集团的行为，避免市场秩序的二次混乱。

（三）要采用分类治理的方法，实行有针对性的治理方案

中国市场秩序治理的困难在一定程度上源自于市场、行业、地区、类型等的不规则分布。这就决定了中国政府在治理市场秩序的过程中不能只采用一种办法，而要根据不同市场、不同行业、不同地区

以及不同部门展开有针对性的治理方案，采取分类治理的方法。例如，金融市场与产品市场遵循着不同的市场规则，市场秩序混乱的表现各异，相应的治理手段与方法就会产生较大差别，针对金融市场，中国政府应主要采用以法律进行监督、以市场化为主要调节手段的治理方案。而针对产品市场，中国政府则需更多地以行政手段介入。再如，发达地区与落后地区的发展阶段不同，经济发展的约束条件不同，市场秩序混乱的根源存在差异，这就导致政府治理需要考虑的因素存在差别，对于发达地区，由于其市场体系相对完善，政府只需通过完善立法与严格执法来对市场秩序进行监管。然而，对于落后地区而言，由于其发展面临的市场、资源、资金等方面的约束较为严重，市场秩序的混乱有很大一部分原因在于经济落后所导致的"被动无序"，所以，政府在对这些地区的市场秩序进行治理时首先要考虑是否能够促进该地区的经济发展。

四 创造消费条件

消费条件是一个笼统的概念，它通常包括交通运输和通信等基础设施条件、城市化水平、消费者信用手段、社会保障体系的发展、居民收入水平以及收入分配差异等一切与消费需求有关的因素，从这一点来看，消费条件等同于消费的影响因素。但是，本书在此处从培育和扩大新的消费热点出发所说的消费条件主要是从微观角度对增加消费机会的因素进行政策调整与支持。其具体的依据在于营建良好的消费条件能够增加居民消费的概率。根据目前中国发展的实际状况，我们认为营建消费条件可以从以下几方面努力：

（一）下调周末高速公路收费标准

2012 年，中国对高速公路实行了"黄金周"免费政策，从那一年开始，每到春节、清明节、五一节、国庆节四个节假日，七座以下（含七座）小客车走高速公路都是免交高速费的。此举的实行在很大程度上推动了汽车、汽油等产品的消费，带动了交通运输服务业、旅游、休闲度假等产业的发展。以此为蓝本，中国还可以尝试进一步调低周末高速公路的收费标准，促进周末旅行人数的增加，刺激消费扩大。

（二）引导、扶持并规范与休闲旅游相关的软、硬件设施建设

休闲旅游目前已经成为都市"白领""金领"一族新的消费热点。人们在终日的忙碌之余拥有了丰厚的收入，但同时也感到心身疲惫，对于休闲旅游的渴望与日俱增。在此基础上，与休闲旅游有关的软、硬件设施成为引导消费增加的重要因素。中国政府需要发挥积极的引导与扶植作用，鼓励旅游服务业的发展，并对包括旅游食住场所、停车场所和休闲娱乐场所等在内的部门进行监督与规范，从而努力为消费者建造安全、舒适、整洁的消费环境，吸引消费者主动消费和重复消费。

（三）应适当增加节假日

人们对休闲娱乐需求的渴望需要在拥有节假日的基础上才能够变成现实，增加休息日、节假日，将会给居民提供休闲消费的机会，使人们能够有时间去旅游、购物或进行其他休闲娱乐活动，从而产生假日和后假日消费。假日消费对经济的推动作用已经在实践中得到印证，居民假日休闲消费能够带动相关的铁路、民航、公路客货运、餐饮、酒店、零售业、广告业、通信产业、银行业等相关产业的发展，一种行业消费能够带动相关的 12 个行业同时消费。以 2014 年"五一"、"十一"小长假为例，假日旅游产业促使民航收入分别为 16 亿元和 18.5 亿元人民币；铁路客运收入也同期达到 11.4 亿元和 11.5 亿元人民币。国内贸易部统计资料表明 2009 年"十一"长假，全国百家重点大型企业实现零售额 82 亿元，同比增长 20.9%；2010 年春节期间短信发送量 7 天突破 100 亿条；春节期间北京市年夜饭约有 110 万以上的市民外出聚餐，当天营业额约达 8000 万元。一系列相关的消费活动产生的"滚雪球"效应使得整个假日经济这块"蛋糕"越做越大，带动了第三产业的全面发展。因此，政府应该重新考量和调整假日制度，适当增加假日，这也是促进居民消费的重要条件。

（四）通过举办文化体育活动，引领文体消费，提升消费结构

在社会主义市场经济改革的进程中，文体消费业已成为一个日益重要的消费市场，体育产业伴随体育市场的形成与发展，将对扩大国内需求、推动经济增长产生日益重要的影响。举办文化体育活动可以

增加人们用于体育活动及其相关方面消费，例如购买体育服装以及运动器材，购买体育期刊、书报等实物型支出，用于观看各种体育比赛、表演、展览等所进行的观赏型的消费以及用于参加各种各样的体育活动、健身训练、体育健康医疗等参与型消费等。因此，中国政府需要积极促进文化体育事业发展，进一步加快体育消费的市场化及产业化程度，促进文体消费需求的扩大，优化消费结构。

第二节　不断优化居民消费软环境

一　实现城乡信息网络化水平逐步升级

信息消费有望迎来发展新机遇，当前要尽快出台扶持信息相关产业发展的政策措施，一方面可以扩大就业和增加创业机会；另一方面可以使居民充分享受到信息发展给日常生活带来的便捷与舒适，全省应从政策扶持、协调资源入手，推动信息化基础建设，增强信息化产品供给能力，积极扶持信息类相关行业发展，促进信息消费潜力充分释放，为更多信息化增值服务提供通道，加强信息消费环境建设。主要措施有：

（一）以网络销售为突破点，构建新型商业模式

从发展趋势看，随着互联网信息技术的快速应用，城乡居民用于通信、网络等方面的消费有助于消费需求的快速增长，并持续成为新的消费增长点。全国要以推行网络销售为突破点，充分发挥交通、区位等便利条件，依靠产业优势，构建新型商业形态，以点带面，将信息化商业模式融合于农村与偏远地区，构建全国统一的信息化大市场，为商业和流通业的发展赢得新的发展空间。

（二）加快信息消费基础设施演进升级

宽带网络作为信息消费的基础性工具需要在全国范围内普及发展并加快升级改造，为信息消费提供顺畅的渠道。目前，中国城市居民在"宽带中国"战略的引导下已经基本实现了全网光纤入户，乡村的宽带网络水平与接入能力还需进一步提高。互联网示范城市建设与规

模化商用试点正在推行，广播电视网的新一轮规模建设正在筹划中。总体上来看，中国政府还需要不断完善对于电信普遍服务的补偿机制，加大资金与政策支持力度。要以持续推进电信基础设施共建共享为基本内容，统筹互联网数据中心（IDC）等云计算基础设施布局。此外，中国各级人民政府还要将信息基础设施纳入城乡建设和土地利用规划，从源头上给予大力支持。

（三）增强信息产品供给能力

信息产品供给能力与水平是推动信息消费增长的基础条件，为此，中国还需继续鼓励智能终端产品的创新发展、加强电子基础产业的创新能力，并进一步提升软件业的支撑服务水平。针对智能终端产品的发展问题，中国可以依托移动互联网、云计算、大数据、数字家庭等热点，通过产业化工程加快智能终端产品的研发与生产速度，促进智能手机、智能电视等终端产品的升级换代。从产业融合与合作拓展的角度出发，中国还可以鼓励整机企业与芯片、器件、软件企业开展广泛协作，支持运营商与制造企业的个性化定制与联合，共同带动电子信息产品的竞争力提升，夯实信息消费的产业基础。针对电子基础产业而言，中国已经在实施平板显示工程，下一步要做的是进一步推动平板显示产业的发展，以资金与政策支持加快推进新一代显示技术突破，完善产业配套能力。依托国家科技计划和重大科技工程，支持地方探索发展集成电路、智能传感器及系统核心技术的研发和产业化。针对软件业支撑服务水平而言，中国需要加强智能终端、智能语音、信息安全等关键软件的开发应用，加快安全可信关键应用系统推广。面向企业信息化需求，还需要开发基于开放标准的嵌入式软件和应用软件，实行工业软件的产业化工程。以企业信息化为重点，以软件应用商店、SaaS为创新服务模式，促进制造业的软件服务化水平。

（四）发展现代流通体系，为扩大消费创造条件

重视网络消费，推进传统零售业转型升级，促进消费便利化与实惠化；按照"简税制、宽税基"的原则，加快"营改增"步伐，加大对流通相关产业的覆盖范围，降低产品批发、零售等流通过程中的税收负担；加大冷藏、储存、码头等基础设施建设，同时降低重要消

费品储存、运输、配载等环节租赁、融资、营销的服务成本。

（五）健全商品流通网络，方便居民日常消费

健全便民、安全、快捷的商业网络，发展城市社区商业零售、餐饮、住宿、物业管理，推进网上购物、邮购等新型消费方式；加快配送中心建设步伐，推动农产品进城与工业品下乡"双向流通"。同时做好农产品连锁经营工作，推动现有大型连锁超市向农村的纵向发展。

二　加强城乡消费市场的诚信体系建设

诚信从宏观上来讲既是道德观念的核心要素，又是现代市场经济有序运行的基石，更是社会和谐发展的首要前提。一个社会如果信用缺失则会带来高昂的交易成本，人与人之间的交易过程会由于对于未来的失信预期而拖延或中断，造成时间和浪费精力的同时影响交易活动的顺利进行。这不仅会影响经济发展的大局，而且会给消费者切身利益带来不利影响，妨碍消费需求的扩大。目前，中国城乡消费市场上还广泛地存在失信现象，要克服这些问题，需要从下述措施着手：

（一）要全面建立市场诚信记录

信用信息的记录、归集和管理是市场诚信体系建设的基础。这些年来，海关、税务、质检、金融、财政、司法、旅游等部门认真制定信用等级标准，建立了经营者信用档案。特别是检察机关、建设部门建立的行贿犯罪档案查询系统和工商部门实行的"黑名单"制度，为加强市场管理提供了重要依据，在打击商业贿赂方面发挥了重要作用。借鉴已经取得初步成效的实施模式，中国需要进一步完善市场诚信记录制度，加大各行各业、各大部门诚信记录的普及率，在对企事业单位实施诚信记录外，做好对于个人信息的记录、存档以及保密工作，建立并完善个人诚信档案查询网，针对不良的诚信记录提出切实可行的惩罚办法，从生产者到消费者实现诚信记录的全覆盖。

（二）要促进市场信用信息公开共享

现实的市场交易过程由于信息的不对称与不完全往往会产生道德风险与机会主义行为，从而导致诚信缺失问题不可避免。除了建立诚信记录制度外，我们还需要实行信用信息的公开共享，这是加强市场

诚信体系建设的前提。信用信息公开主要目的在于将可以隐藏的信息公开化透明化,使失信行为由于暴露在公众面前而失去可能会获得的潜在收益,从而增加失信的成本,减少失信的收益。只有当信用信息可以进行公开查询,市场主体的信用状况可以进行分类识别时,才能让失信者的侥幸心理彻底失去根基,才能让守信者享受到高效率和低成本的回报。

(三)要积极培育诚信服务市场

在存在失信现象与行为的市场中,要想建立运行高效的市场诚信体系即必须要有发育良好的信用服务市场。在市场经济获得大发展、网络信息技术得到广泛应用、市场交易信用关系日益广泛的今天,工商企业之间的商业信用规模不断扩大,对诚信服务业的成长也提出了紧迫要求。然而,中国目前的信用市场发展迟缓,原因在于,一方面以企业为代表的市场主体信用意识不强,对信用产品的需求不足,影响了信用服务行业的发展壮大;另一方面信用服务企业总体水平偏低,资质参差不齐,信用评估方法不规范,信用产品质量不高,制约了社会对信用产品的需求。因此,必须下大力气培育诚信服务市场,努力扩大信用产品的需求和供给。要通过政府鼓励示范、增强市场诚信意识、引导企业重视失信防范机制等措施,培育和形成市场诚信的产品需求。要在行政审批、登记注册、资质认定管理以及周期性检验、日常监督、评级评优等工作中,按照授权和规范流程,查询企业信用报告或要求企业提供信用报告,扩大信用评级、信用报告等信用信息的使用范围。

(四)对失信的市场主体要依法处罚

要对失信企业和个体经营者实行高额经济处罚、降低或撤销资质、吊销证照,限制其经营能力或市场准入,增加违法成本,使其不仅无利可图,还要付出沉重代价。司法机关和行政执法部门要从市场诚信记录中获取案件线索,依法追究违法失信者的行政、民事和刑事责任,坚决惩处违法犯罪分子。

(五)要大力开展诚信宣传教育

市场诚信体系建设,教育是基础、制度是保障,两者缺一不可。

要通过对全社会的诚信宣传教育，普及信用知识，增强生产经营者的诚信意识和守法意识，提高企业、消费者的信用风险防范和自我保护能力，营造"有信者荣、失信者耻、无信者忧"的氛围，形成全民自觉遵纪守法、诚实守信的良好社会风气。

三　强化城乡消费市场的监督执法力度

城乡消费市场中所存在的不良交易行为会破坏整个市场的交易秩序，对消费者需求造成不利影响。目前，这些行为主要包括假冒伪劣产品、食品药品质量安全、价格欺诈以及伴随着这些行为产生或在这些行为背后起着支撑作用的收受贿赂行为等。各行业主管（监管）部门、行政执法部门、司法机关和公共服务机构、行业组织要根据职责分工，在实施社会管理、提供公共服务和行业服务中，完整、准确、及时地记录企业、个人在经济社会中的诚信记录，实行归档管理。要认真研究制定各类市场主体不良行为标准，把是否存在商业贿赂行为作为企业信用等级评价的重要指标。要不断地形成与城乡消费市场诚信管理体系相适应的监督执法体系，强化行政的监督力度，借助多元化的监督管理手段，促进城乡消费市场的有序发展。主要措施有：

（一）突出重点，适时开展打假专项整治工作

针对假冒伪劣商品问题，中国各级人民政府需要根据市场运行的状况，适时地调整治理措施，以表现突出的假冒伪劣商品类型作为重点，制订专项整治方案，集中行政执法力量，按照国务院相关规定展开专项整治工作。当前，中国所确定的打假重点商品主要是食品、药品、农资、棉花和拼装汽车，那么在这些商品的生产与消费领域就需要有完整配套的检查与监督机制。正所谓"治标，也得治本，标本兼治，方能事半功倍"，在监督检查的同时，中国政府应对假冒伪劣商品问题还需要从源头上加以治理，加强对区域性制假产地、城乡批发市场等的清理整顿，以商标和包装印制行业以及货物托运业为重点整治范围，严禁商标与包装行业接受那些未经授权、手续不全的企业订单。此外，为了获得真实的一手资料，掌握及时的假冒伪劣信息，政府行政执法部门还需要开拓与企业联手的维权行动，借助市场主体的力量实施有效监督，鼓励关联企业的揭发检举，构建"打假维权网

络"，对于有效的检举行为给予充分的肯定与奖励，健全案件处理结果反馈制度，让全社会参与到案件的讨论中来，依法支持企业追偿索赔。

（二）强化日常监管，全面推行市场巡查制度

制造假冒伪劣商品、实行价格欺诈、出售问题食品药品的违法主体经常会与行政执法部门捉迷藏，"你整治我躲藏，你中断我出现"，这就要求中国政府必须强化日常监管，全面推行市场巡查制度。可以基层工商所为主，分组划片（区域），责任到人，有组织、有计划地对辖区内经营户和交易场所进行普遍巡查，以求及时查处制假售假、非法经营、欺诈消费者等违法行为。各地应健全市场巡查职责、巡查内容、工作程序、考核标准等巡查制度，建立与"经济户口"管理相配套的市场巡查工作档案，规范市场巡查工作行为。进一步落实基层工商所辖区责任制，对巡查中所遇到的违法行为实行分类打击，对于一般性的违法违章行为和简单消费争议，应做到现场即时查处和解决，而对于严重违法行为和复杂消费争议需要立案调查的，则需按有关办案程序处理。

（三）完善监管方式，实施商品质量监督抽查制度

实施商品质量监督抽查制度，是加强流通领域商品质量监督管理的主要方式。中国政府需要以国家工商行政管理总局制定的《商品质量监督抽查暂行办法》（以下简称《暂行办法》）为依据，统一组织全国范围的商品质量监督抽查工作；各地区工商行政管理局，可依据《暂行办法》相关规定，结合实际状况，制定切实可行的具体办法，组织本地区的商品质量监督抽查工作。确定抽查重点，把那些涉及消费者人身、财产安全的商品以及消费者申诉举报比较集中的商品列为主要的和频繁的抽查对象。抽查的内容是对商品内在质量进行检测，同时，依据工商行政管理法律、法规也要对商品外在标识进行检查（包括商标、包装装潢、商品标识等）。抽查工作可采取定期与不定期相结合的方式，在每季度进行一次的基础上，中间不定期排查，并将抽查结果通过公众网络向社会公布，加大质量监督抽查制度的威慑力度。

四　保障城乡消费者维权渠道畅通无阻

优化居民消费软环境不仅需要对制假造假、实行欺诈的主体进行监督、控制与惩治，还需要对受害者进行保护，维护广大消费者的合法权益，提高消费者的安全预期。为此，我们必须要保障城乡消费者的维权渠道畅通。然而，现实运行中，中国《消费者权益保护法》（以下简称《消法》）中所规定的维权渠道往往由于成本高昂、机制不全、部门失职等原因无法发挥应有的作用。根据《消费者权益保护法》规定，消费者维权主要有以下几种渠道：当发现权益受损时第一时间与当事主体协商解决；协商不成则可请求消费者协会介入调解；调解不成可向有关行政机关提起申诉、仲裁或向人民法院提起诉讼等。这些渠道在运行过程中存在较大阻力，经营者对于责任的互相推诿、消协的权威力度缺乏、仲裁机构的人手不足、法院司法程序的复杂等问题使消费者维权乏力。在这种情况下，大多数消费者为了节省时间与精力，并且避免高昂的额外成本负担，往往选择放弃维权。针对这些事实，中国政府必须进一步采取措施，疏通消费者维权渠道：

（一）进一步强化行政机关职能

消费者权益受损情况五花八门，目前各级行政机关对于消费者权益的保护实行的是条块分割模式，对涉及工商、卫生、质量、技术、商检以及服务等的权限分而治之，往往造成同一案件的多部门处理，或案件无人问津的尴尬局面。为了明确各部门的职责，强化行政机关对消费者权益的保护和监督职能，我们有必要对目前条块分割的管理制度进行统一，设立一个专门的独立行使消费者权益保护权力的机构，并赋予其双重职能。一方面让它成为消费者权益意识的引导者，为消费者提供市场指导，并在需要的情况下提供法律援助与咨询；另一方面让它成为消费者权益的保护者，对消费者权益受损情况进行仔细核实，赋予该机构以强制性行政权与处罚权，使其可以对涉案主体实施调查取证、查封、扣押或罚款等措施，待事实清楚后，由该机构出具真实的调查报告，作为消费者维权证据，并以此证据为唯一有效凭证，受到法院以及检察机关的法律认可。

（二）切实加强消费者协会对于消费者权益的保护力度

中国已有的消费者协会在对商品和服务进行社会监督、保护消费者的合法权益等根本性问题上存在力度不够、权责不清、维权不彻底等弊端。为此，我们需要进一步强化消费者协会的维权功能，将其确定为保护消费者权益的民间组织。一方面，要保证消费者协会已有的公益性职责落到实处，保证其向消费者提供消费信息和咨询服务，提高消费者维护自身合法权益的能力，引导消费者采用文明、健康、节约资源和保护环境的消费方式；保证其在制定有关消费者权益的法律、法规、规章和强制性标准时的参与权；保证其在有关行政部门对商品和服务进行监督、检查时的参与权；就有关消费者合法权益的问题，向有关部门反映、查询，提出建议；受理消费者的投诉，并对投诉事项进行调查、调解；就损害消费者合法权益的行为，支持受损害的消费者提起诉讼或者依照本法提起诉讼等。另一方面，还要明确消费者协会的代表性，即消费者协会除了享有受理消费者投诉案件、指导消费活动等职权外，还可以作为消费者利益的代表者向大众新闻媒体揭露、曝光商家侵权行为，代表消费者向法院起诉，监督法院审判程度等。

（三）规范并简化消费者维权程序

消费者的维权程序烦琐使其面对侵权行为时往往不能也不愿意行使自己的权利。因此，要完善消费者的维权程序：第一，建立方便可行的诉前程序，即要使消费者在发现权益受损时能够第一时间找到政府职能部门进行举报与投诉，消费者作为社会合法公民，他们有要求政府职能部门维护其合法利益的权利。第二，对现有的消费者权益保护的司法救济程序进行改革与完善，可以考虑成立小额诉讼法庭。因为目前现实生活中的消费者受损情况大多数涉及的金额并不高，导致消费者将复杂而又耗时的司法维权渠道视为畏途。此外，由于涉案金额达不到标准时，人民法院也存在"拒讼"的倾向，导致很多侵权案件难以立案处理。为此，从方便消费者进行小额索赔、降低诉讼成本，使消费者敢于勇于并且愿意维权出发，设立小额诉讼法庭势在必行。这种小额诉讼法庭适用简易程序，操作灵活，可独任审判，并且能够做到巡回办案，从而可以帮助消费者缩短耗费在维权方面的时间，甚至可以做到在经营者和消费者之间当场开庭，当场执行。

第三节　大力发展服务业和新型消费业态

一　稳步提升服务业比重

服务业对于增加劳动者的就业与创业机会、提升居民收入水平、满足居民消费需求、从总体上扩大内需等具有重要作用，大力发展服务业既是产业结构调整的必然要求，也是促进经济增长的重要一环，因此，我们在研究扩大消费问题时必然要对服务业加以重视。目前，中国的服务业发展取得了突出成绩，2015 年，第三产业比重已经明显超过了第二产业，成为经济增长的生力军。然而，与西方发达国家以及与中国处于同一收入水平的发展中国家相比，中国服务业在 GDP 中所占比重还是偏低。据计算，中国人均 GDP 水平处于 3000—4000 美元，目前服务业在 GDP 中所占比重达到 50% 左右，生产性服务业所占比重则只有 30% 左右。然而，发达国家在同一收入水平区间的上述两个指标则已经达到 60%—70%，以及 40% 左右，与中国具有同等发展程度的印度也已经达到 50%—60%，可见，中国服务业尤其是生产性服务业还具有较大的发展空间。因此，中国需要有意识地把握这一战略机遇期，稳步提升服务业所占比重。具体措施如下：

（一）大力支持中小型服务企业的成立与发展

从中国目前的实际情况来看，支持服务业发展的仍然是那些劳动密集型的中小企业。与大中型企业相比，这些企业具有规模小、运作灵活、准入门槛低、有利于就业创业、建立与发展相对容易等特点，能够很好地促进服务业发展以及消费需求扩大。但也正因为这些特点，使其又面临巨大市场竞争力，难以维持长期良好发展势头。为此，中国政府需要给予扶持：第一，从税收方面入手为中小服务业发展提供良好环境，可以减轻中小服务业的税费负担，也可以放松对这些企业的管制，在保证合法合规的基础上任期自由发展。第二，解决中小服务业创立与发展过程中的融资难问题。对于中小企业而言，融资难，资金运转不畅是一个全球性的通病，因为这些企业往往难以获得大型金融机构的贷款，也很难通过上市发行股票获取直接投资。中小型服务业也如此，中国政府需要针对这一问题给予政策支持，但又不能搞"一刀切"。针对那些技术、资金密集型的中小企业，可以采用政府财政支持、成立专项基金或者鼓励风投注资的方式助其发展；而针对那些传统的一般性中小企业，则可以采用给予贷款优惠政策的手段鼓励银行等中介结构对中小企业融资。第三，帮助中小企业进行信息基础设施建设。在信息时代，网络信息工程将能够带动中小企业的较快发展，为此，中国政府需要支持中小企业的信息基础设施建设，建立中小企业网络平台，鼓励中小企业不断完善宽带、光纤、电信等通信基础设施，充分捕捉瞬息万变的市场信息，为电子商务、虚拟交付等新型消费手段创造条件。第四，除鼓励之外，政府还需要对中小企业进行行业管理与整顿，引导中小企业朝着多功能、综合性、绿色、健康、环保的方向发展，顺应经济发展方向，走品牌化、规范化、规模化、国际化道路。

（二）引导服务业做大做强并不断培育新型主体

服务业的发展离不开众多服务型企业，这些企业的做大做强以及新型企业的进入将会逐步增加服务业比重。企业是市场经济的细胞，但单凭市场的优胜劣汰，很难在短时期内催生出众多富有竞争力与影响力的服务型企业。所以，政府必须要给予支持，使中国经济早日迈入服务型经济行列。为此，可从下述四个方面努力：

第一，加快政府在服务业上的行政职能转变。提升政府对于服务业的重视程度，转变思路，增大服务水平，提高服务意识。对于服务型企业实行备案处理，实行"一站式"服务，尽量做到简化流程，提高审核效率，缩短审核时间。

第二，对于服务型企业发展给予资金支持，可以建立专项的引导基金，作为对于公共服务、"三农"服务、技改服务、绿色环保节能型服务企业的"种子资金"，同时还可以出台贴息与奖励政策，对于那些具有先进改革精神、致力于新型消费业态的服务型企业给予贴息补偿，或者给予现金奖励，也可以通过税收优惠与税收返还等手段给予这些企业优惠政策。

第三，通过调整用地政策来支持服务型企业的创办与发展。当前，中国的用地紧张为很多企业的做大做强设置了不小障碍，从这一点出发，中国政府可以适当提高服务业用地比例，尤其是对于现代物流服务业、现代商贸商旅、文化创意产业等重点领域，需要规划出重点建设项目用地，以供大型服务业项目进行拓展的需要。

第四，在资金、技术与人才支持上实现对经营面临困难的大企业、品牌企业以及行业龙头企业的适度倾斜。金融危机的发生对于服务业中的一些大企业、品牌企业等造成了一定损失，中国政府需要扶持这些企业的重新发展，推动服务业重点领域实现持续性发展，鼓励优秀专业人才进入服务业龙头企业，可以倡导通过无形资产（包括科研成果、技术、专利等）评估作价的方式组建服务企业，并在规费与资金方面给予政策扶持。

二　实现服务业结构的优化调整

服务业结构需要随着消费结构从生存型向享受、发展型的转变而发生相应的变化，通过提供符合市场需求的服务业态而实现优化升级。目前，在消费结构升级的带动下，中国一些城乡居民需求迫切、市场空间巨大、富有活力和需求潜力的服务行业迫切需要快速成长；随着全国制造业的快速发展所形成的巨大需求，为物流、科技、法律、会计、金融保险、中介咨询、技术服务、人力资源服务等高端服务业的快速发展提供了广阔的空间；特别是信息服务业、旅游、会展和物流等新兴行业要实现规模化发展。中国政府需要顺应新形势，不断推进服务业的优化调整，主要措施有：

（一）大力促进新兴服务业发展，引导并鼓励新型消费形式

依托信息时代背景，大力发展信息服务业，可以加速建立和完善消费信息服务制度，规范消费信息服务的提供和消费行为，扩大居民信息服务消费的比重，促进消费信息服务业的发展；进一步发展和提升旅游产业，旅游业作为"一业兴百业旺"的朝阳产业，有利于促进经济发展、有利于改善民生、有利于城市形象提升。中国各地方应充

分利用好丰富的旅游资源和优越的自然条件，促经济、惠民生、增效益，落实好《生态旅游规划》与《文化旅游规划》，推动全国旅游业实现大发展、大提升、大跨越，让广大居民更多享受到经济发展带来的成果；政府应积极发挥流通业的先导作用，引导生产企业积极开发适合不同消费群体的适销对路新商品；继续发展住房、汽车消费，增强其对整个消费的带动作用，对住房、汽车、首饰、休闲旅游、健康保健等热点消费领域的发展给予高度关注和政策支持；积极扩大老年人消费，重视发展适合老年人需要的娱乐、保健、医疗、教育等服务业，推广家庭养老和社会化养老相结合的多种新型养老模式；引导为了健康和美丽而进行消费。要加快瑜伽、健身、美容、减肥等"花钱买健康"的服务性消费产业的发展，使其成为提高人们生活质量的有力手段。

（二）不断提升农村服务业水平

改革开放以来，中国的二元经济结构使城市得到较大发展，农村却长期处于落后状态，虽然近年来，大量农村剩余劳动力实现了非农化转移，城镇化水平不断提高，但是农村与城市相比仍然具有较大的差距。在城乡二元格局依然存在的情况下，以提高劳动生产率为核心的教育培训制度、以缩小收入差距为核心的收入分配调整制度等在广大农村的作用范围还很有限，同样，以推动产业结构升级、实现经济增长、改善民生为目的的服务业发展策略在农村还具有较大发展空间。

从提供就业的角度来讲，大力发展农村服务业可以为农村剩余劳动力提供更多的就业机会，有利于农民收入水平的提高与劳动生产率改善，对提升农民福祉起到积极的促进作用。从辅助生产的角度来讲，农村服务业尤其是处于"制造"和"种植"产业前后端的生产性服务业①可以促进农民文化水平的提高、提高农业发展的信息化水平、加速农产品流通，从而助力农业朝向更加高产、高效的方向迈

---

① 这些农村生产性服务业涉及范围主要包括：健全的农村科技服务体系、农村信息服务体系、农村劳动力培训体系、农产品流通体系等。转引自夏杰长《大力发展服务业是扩大内需的重要途径》，《经济学动态》2009 年第 2 期。

进。为此，政府应大力提升农村服务业水平，主要从基本公共服务上下功夫：一是要在调研基础上摸清农村各项公共事业发展基本情况及其存在的重要问题，并据此制定详细的公共服务提供谋划工作；二是规划重点示范中心村，对中心村的重点公共事业项目给予资金与财政投入支持；三是加大对农村公共事业政府性投资项目的监督检查力度，确保资金拨付到位，项目按时开工建设，跟踪做好项目落地工作；四是进一步发挥农民的主体作用，加大宣传工作力度，营造良好的舆论氛围，激发农民建设美好乡村的主动性，引导农民积极参与到农村公共事业项目的谋划、建设、管理和运行中来，更好地推动提升农村基本公共服务水平。

（三）大力发展生产性服务业

生产性服务业是指为保持工业生产过程的连续性、促进工业技术进步、产业升级和提高生产效率提供保障服务的服务行业。它是与制造业直接相关的配套服务业，是从制造业内部生产服务部门而独立发展起来的新兴产业，本身并不向消费者提供直接的、独立的服务效用。它依附于制造业企业而存在，贯穿于企业生产的上游、中游和下游诸环节中，以人力资本和知识资本作为主要投入品，把日益专业化的人力资本和知识资本引进制造业，是第二、第三产业加速融合的关键环节。因此，发展生产性服务业是促进服务业大发展必不可少的环节。主要措施包括：

第一，健全法律法规和保障生产性服务业的发展。借鉴国外较为完善的法律法规体系，制定有利于生产性服务业发展的一系列法规。例如，通过细化铁路和汽车运输的条款等逐步放宽对公路、铁路、航空、航海等运输市场的管制，借助激烈的市场竞争调低运输费率，提高交通运输服务水平。再如，制定金融服务现代化法案，规范金融服务市场，促进金融服务业发展；颁布电子信息、个人隐私保护、公共信息准则等法律法规，促进信息服务业的有序发展；制定有关商务服务业的法规与专业资格认证程序，从制度上保证了商务服务人员的业务水平、服务运作的规范化进程以及契约签订的严谨程度，从而促进商务服务业发展，等等。

第二，建设行业协会促进生产性服务业发展。行业协会在行业发展过程中起到了重要作用，例如美国一些物流协会就曾在协助政府做好物流规划、制定政策、规范市场竞争秩序，开展物流研究，指导行业发展，举办交流活动，提供信息咨询服务和各种专业培训，为物流业的发展输送大量人才等方面推动了物流服务业的发展。因此，可以借鉴美国以及其他国家成功经验，在物流行业、电子信息行业、管理咨询行业等行业中组建专业化协会，并通过这些协会的组建逐步培养企业在缺乏决策支持或出现问题时寻找专业服务机构的意识，鼓励其通过信息的沟通与互动，进一步构建分层次竞争协作相结合的市场结构，培育成熟的专业服务市场体系。

第三，完善基础设施建设，支撑生产性服务业发展。基础设施建设是生产性服务健康、快速发展的重要支撑。在促进物流业发展方面，可以把大力培育和建设货运中心作为战略实施的重要环节，在实施措施上，政府可通过新的通信技术来帮助改善物流并促进装卸，促进货运代理和运输商之间的合作。在促进信息服务业发展方面，以"国家信息基础设施"（NII）行动计划为指南，逐步建立完备的信息基础设施，并通过卫星通信和电信光缆连通全球信息网络，形成信息共享的竞争机制。

第四，增强人力资源开发力度，保证生产性服务业健康发展。从价值链分析的角度看，生产性服务业的价值增值更多地体现在专业服务人员与客户之间不断交流和沟通上，实际上，生产性服务人员的知识储备、专业化水平在这里起到了决定性的作用。基于此，中国还需建立多层次的人才培训体系和科学的人力资源开发利用体系，以保证为生产性服务业发展提供大量的专业人才。一方面，要继续拓展多层次的专业教育，包括研究生、本科生和职业教育等；另一方面，在行业协会的组织和倡导下，中国还需开展在职教育，建立相应的职业资格认证制度。值得强调的是，协会的职业培训工作非常注重以实践应用和实际操作为主。依托协会作用，确立专业人才能力开发和客观评价的体系引导培训教育工作，并从世界各国引进生产性服务领域的专业人才，促进生产性服务领域的人才的流动。

三　积极推进金融体制改革与金融政策调整

受传统消费观念影响，辽宁省居民为预防未来不确定性往往会谨慎性消费、预防性储蓄，所以要转变居民传统观念，帮助他们树立新的消费观念，还需要积极推进金融体制改革，进行金融政策调整。

（一）要鼓励适度信贷，刺激热点消费

大力发展消费信贷，引导居民科学消费，其中的重点在于减轻流动性约束。流动性约束指的是居民在有消费意愿但收入水平较低的情况下又难以从金融机构以及非金融中介机构和其他个人处取得贷款从而带来的消费能力受限约束。它会在两个方面影响消费行为：一方面，对于那些收入水平较低的消费者而言，即使他们持有未来收入定会提高的预期，但由于流动性约束的限制，其消费水平也会低于期望的程度。另一方面，即使当前消费者没有面临流动性约束，但是由于他人信息的传导或自身对于未来金融局面的分析也会使其预期未来可能发生流动性约束，这种情况仍然会使其减少当期消费支出而增加储蓄作为未来收入水平下降的保险。所以，要刺激热点消费，就必须鼓励适度信贷，以国家金融政策为支撑，减轻流动性约束，从而为居民消费提供良好的条件。

（二）要通过加快个人信用体系建设来鼓励消费者的信贷消费

当前，中国消费信贷已经发展了起来，但总体水平还不够高，其中一个关键原因就在于消费者的信用水平受到金融机构质疑。因此，需要不断加快个人信用体系建设，进一步鼓励消费者的信贷消费。通过信贷消费超前实现潜在购买力，如住房、汽车、电子产品等消费。尤其要发展农村消费信贷，建立村镇银行并充分发挥其信贷职能，引导农村居民的消费。利用消费信贷拓展消费，要以构建消费者诚信记录系统为基础，从购车、买房和教育消费起步，进一步扩大消费信贷规模，拓宽消费信贷领域，确定合理的消费信贷利率，延长贷款年限，简化贷款手续，使更多的居民利用信贷消费方式，实现消费升级。

第四节　完善公共服务体系和加强社会保障

一　不断完善城乡公共服务体系

完善公共服务能够有效保障广大劳动者更好地分享经济增长的成果，降低因预期收入和预期支出风险而导致的预防性储蓄动机，改善居民消费储蓄决策，提高当期消费意愿，从而促进居民消费需求不断扩大。主要方式包括：

（一）进一步增加政府用于改善民生与社会事业的支出比重

一方面，要逐步提高各级财政支出中用于公共服务的比重，不断提高社会福利水平。加强政府转移支付，实现公共服务均等化，让不同地区的群众享受到同等的公共服务；另一方面，要重新调整政府财政支出的方向，提高政府财政支出的使用效率。财政要扩大对教育、医疗、科技发展和社会保障等方面的财政支出比例，削减冗余复杂的政府行政开支，重点发展义务教育普及，对就读各类公办学校的赞助费严加审查，扩大医疗保障的覆盖范围，降低报销门槛，防止因病致贫的情况屡屡发生。增加保障性住房数量的投入，探索保障性住房建设投融资机制。

（二）充分发挥国有企业在公共服务体系建设中的重要作用

公共服务的提供者虽然要以政府为主导，但在实际操作过程中积极发挥市场主体的作用却是必需的，这正是新公共服务理论、服务型政府的"双向互动"理论以及企业的社会责任理论所要论述的重要内容。政府主导下的社会组织参与建设公共服务体系、公共服务建设的私有化是目前中国正在尝试的一种方式，在这一过程中，国有企业的作用举足轻重。虽然国有企业在运行中还存在较大的国家控制彩色，导致其提供公共服务时在适应性和效率方面较其他私有化形式存有欠缺，但在公平性、社会性、公正性、有效性和广泛性等方面则存在优势。政府需要为国有企业参与公共服务体系建设营造良好的外部环境，包括加强相关法律法规建设，增强国有企业的社会责任意识；搭建良好的企业与政府、与社会的沟通合作平台，增进相互间的信任合作关系；重视消费者、行业协会、行业组织、社会舆论在促进国有企业参与公共服务体系建设中的作用等。

（三）进一步完善公共财政制度

为了加快政府职能转变、构建均等化公共服务体系，需要建立公开、透明的公共财政制度。近年来，中国虽然已经形成了公共财政，但其运行机制仍然存在漏洞，必须进一步完善。第一，要完善和规范转移支付制度。政府的转移支付制度是财政资金的单方面给付，对象主要是那些处于贫困线以下或基本丧失劳动能力等的民众。在中国，这一制度在运行中，由部委指派的专项拨款占大量比例，容易发生层层"截流"现象，削弱转移支付制度的原有功能，导致公共资源被私人利用，形成国家财政资金的流失，不利于形成政府间规范的财政关系，更不利于转移支付效果的呈现。因此，中国政府要不断减少专项拨款比重，相应地增加一般性转移支付的比重。第二，改革并且完善税制。税收虽然具有"取之于民，用之于民"的优点，但由于公共支出的范围具有大众化、普适化特点，所以税制的建立应该以社会公平为目标。完善税制，其实质就是要促进社会公平。在个人所得税制上，应该取缔单一的分类税制，转而采取分类与综合相结合的方式征收个人所得税；在资源税的征收问题上，以节能环保为核心，应该逐步将资源税的"从量化"转变为"从价化"，加大资源征税力度，并同时探索建立赠与税等其他相关税种；此外，完善税制还要以降低社会负担、改善民生为重点，为此，需要进一步加快税费结构的调整，规范征收秩序。第三，加大对财政运行的监督与约束。为了有效发挥政府公正性职能，提高公共服务建设中的效率水平，还必须加大财政运行的透明度和社会参与度，将财政收入与支出情况置于行政和社会监督之下，可行的办法应是规定一个统一原则，保证政府收支两条线，并且将其纳入统一的预算管理，并通过人大审议之后向社会公开发布。

二　加快推进符合国情的城乡社会保障体系建设

完善的社会保障制度能降低收支预期的不确定性，形成良好的消费预期，从而减少为预防不确定性条件而发生的储蓄，把更多的钱用于现期消费。为此，应该采取以下几个方面的措施：

（一）适当提高城乡居民的社会保障水平

21 世纪以来，中国城乡居民的社会保障覆盖面逐步拓宽，社会保障水平有了较大幅度的提高，但与同期的发达国家相比仍存在较大差距，人们的社会保障安全感还有待进一步加强，为此，中国政府仍需不断提高城乡居民的社会保障水平。加快建立和完善包括就业、医疗、住房、养老等在内的社会保障体系建设，为居民提供较完善的公共设施和公共服务，解除百姓的后顾之忧；提高社会保障水平，特别是提高城乡低收入者和贫困人口的社会保障水平，建立起同中国经济发展水平相适应的较完善的社会保障体系；进一步推进国有企业下岗职工基本生活保障制度向失业保险并轨，积极探索失业保险对促进再就业的有效办法；在继续巩固"两个确保"、规范和完善城市"低保"的基础上，稳步扩大社会保障覆盖面，提高个体、私营等非公有制经济的社会保险的参保率，尽快把农民工纳入社会保障体系。

（二）加快农村社会保障制度建设步伐

改革开放以来，中国城乡居民的消费水平都有所增长，但占中国人口绝大多数的农村居民与人口比例较小的城市居民相比，其消费水平增长速度缓慢。这种情况一方面是由农村居民收入增长速度缓慢所致，另一方面则是农村社会保障水平较低的结果。为此，我们在谋求提高农民收入办法的同时也要不断促进农村社会保障水平的提高，为农村低收入者和贫困人口提供最基本的生活和医疗保障，逐步改变城乡二元社会保障制度非均衡发展的态势，通过解除农民的后顾之忧促进农村消费需求的扩张。主要努力方向：

第一，强化农村社会保障中政府的职责。农村社会保障的提供主体从目前来看只能是由政府来担当，为此，中国需要在财政收支与组织领导等方面进一步强化政府职责。首先，要明确政府财政责任，并以此来明确各级财政在农村社会保障中的法律责任。在促进"三农"发展的政策号召下，中国中央财政每年都会增加用于农村社会保障制度建设的支持力度，但由于财政衔接机制与监督机制的不完善，导致农民能够真正享受实惠的比例却相当少。所以，要不断完善对于财政资金投放的监督机制，通过制度化形式将各级政府的财政投入纳入规范化运行轨道，按照制度控制中央财政的投放比例，并保证财政支持资金的及时高效。其次，要把农村社会保障工作放在重要的战略位置，引起各级党委和政府的重视。各级政府的组织领导干部要以倾听农民呼声为核心，深入基层展开实地调研，解决实际困难，建立真正能够为老百姓所信赖的社保体系。最后，政府作为农民的服务者与引导者，还需要多部门齐发共同对农民做好宣传与引导工作，并不断强化政府在农村社保制度设计上的责任，实现缴费方式的灵活性与多样化，落实普惠保障制度，通过政府担保的形式建立农民信得过的保障机制，整体推进农村社会保障体系的建立和完善。

第二，要不断拓宽农村社会保障的资金渠道。农村社会保障资金的筹集是目前来看农民对待社保问题时首要考虑的因素。对于收入水平较低的农民而言，他们更愿意持有现金，而不愿意将收入拿出一部分用于缴纳社保费用。因此，拓宽农村社会保障的资金渠道是加大社保覆盖面的重要办法。首先，要提高政府财政投入比例。目前，中国政府对于农村社会保障的财政投入力度非常大，结合实际情况，对集体补助也可以适当增加；可以考虑通过从中央与地方税收中提取部分资金作为后盾成立社会保障基金，帮助有困难的农民缴纳保费，而这一提取的比例可根据农民应缴纳的社保资金额进行适时调整；同时，国家还可以通过地区之间的帮扶办法，鼓励经济发达地区对于贫困地区的资金援助。其次，要鼓励大中型企业到农村投资。发展乡镇企业以增加农民就业机会，增加农户收入的同时还可以通过企业管理层面分担一部分社保费用，国家可以制定有关优惠政策，引导并鼓励意向企业到农村投资办厂，同时也要引导企业承担一定的社会责任，把农村当地的农民工作为主要的招工来源，并为其提供相应的社保待遇。最后，要繁荣农村经济，为农民创收服务。社保缴费最基本的还是要依靠农民收入的增加，为此，国家还需要加大农业投入，推行科技下乡工程，对农民核心技能加强教育培训，通过提高农业科技转化能力来提高农产品的生产技术水平，提高农业劳动生产率；对于旅游资源丰富的地区，国家还需提倡大力发展观光、旅游等产业，通过发展第三产业来拓宽农民收入来源。

第三，建立农村社会保障对象的分类解决机制。随着农村剩余劳动力不断向城镇转移，中国农民工群体出现了"离土不离乡"的"候鸟式迁移"的现象，导致很多农村居民的就业与生活没有固定的地点，这就导致农村社会保障体系很难实现"一刀切"与统一管理。因此，就需要对中国农村社会保障对象实行分类管理，一方面，要建立多层次的农民工社会保障体系，针对那些在城市生活长达五年以上的农民工，他们在城市生活的根基已经牢固，其人脉资源、工作内容、收入水平以及居住地点相对比较稳定，可以把这部分农民工的社保待遇归入城镇居民的管理体系中。而针对没有固定职业、居无定所、流动性大的农民工，则可设计一套方便流转的社保方案，而这就要求必须建立起全国统一的个人账户。另一方面，要不断完善土地征用制度，只有这样才能使农民自愿将土地交还给国家或租售出去。国家要出台相关政策明确每一个农民使用土地的最高限额，然后在限额基础上盘活农村集体土地，建立一级土地交易市场。对于那些除公益性项目与国家用地项目外的土地使用权，征地单位必须与集体经济组织进行谈判协商处理。同时，还要考虑失地农民就业问题，可以构建专门的农村劳动力市场，并配备供求信息展示平台，也可以鼓励失地农民自我创业，对其创业过程给予税费减免优惠，或对失地农民进行免费的职业技能培训，帮助其实现在企业就职，由企业提供社会保障。

第四，完善农村社会保障相关制度。完善农村的社会保障制度主要体现在两个方面：一方面，建立完善的社会保障管理制度。即对原有的社会保障管理机构中分散办公的职能部门整合起来，构建统一的社会保障管理体制，针对农村社会保障资金运营情况展开整合行动，构建统一的业务机构执行资金收缴、投放与管理工作，保证农村社保基金收支情况的公开透明，遏制挪用或占用农村社保资金的违法行为。另一方面，要建立完善的农村社会保障内外监督制度。所谓内监督指的是政府的行政监督，也就是要将农村社保业务经办机构及其个人的管理业务与行为置于政府行政部门的监督视野中，认真接受国家机关与各级党委的监督；而外监督指的是国家审计部与全社会的监督。国家审计部门要充分发挥审计监督职责，对农村社保资金使用情况进行严格审计，并将审计结果予以公开。农村各级政府要充分调动新闻媒体、社会团体、社会公众等力量，对投放农村社会保障的资金使用情况进行监督。在这个过程中，可以考虑简化监督举报机制，通过构建顺畅的信息反馈系统简化投诉渠道，使农村社保资金专款专用、高效运转。

（三）继续推行社会保险制度改革

第一，在养老保险方面，要克服目前个人账户资金被用于支付老年退休金从而出现"空账"的缺陷，中国必须采取措施做实养老金个人账户，把过去只有个人账户记录的"空账"转变为既记账又有实际资金积累的"实账"，对因做实个人账户加大的当期养老金支付缺口由中央与地方财政给予补贴，面临人口老龄化给养老保险制度所带来的现实压力，中国必须实施由现收现付制向基金积累制的过渡；随着人口平均期望寿命的提高，中国还需适当延长个人账户养老金的领取期限；为了缓解养老金支付危机，可以适当提高退休年龄并严格执行退休管理制度，杜绝任何单位任何个人无正当理由的提前退休。

第二，在医疗保险方面，要适应中国人口众多的现实，努力扩大医疗保险的覆盖面，尤其是要逐步扩大广大农村地区居民的医保水平；要进一步深化医保、医疗和医药三项改革，完善医疗保险制度的发展环境；要继续发展与完善社区卫生事业，理顺医疗卫生服务体系，使有限的医保资金得到充分使用；要适应人口老龄化的发展趋势，对医保制度做出相应调整，在控制医疗成本的同时提高老年人的医疗福利，对那些易患慢性病、恢复缓慢并常常伴有并发症的高龄人群提供较高的医疗费用支付。

第三，在失业保险方面，适应国际上提供就业保障的改革方向，逐步发展并改革中国的失业保险制度。合理制定失业津贴的支付期限，细致地规定不同档次，保障失业人员基本生活的同时也要促进失业人员积极实现再就业；完善失业人员的技能培训，引导失业人员将失业保险补偿金用于参加技能与职业训练，或者以积极地参与工作或培训作为领取失业津贴的交换条件，从而激活劳动力市场，为失业人员实现再就业提供激励与服务。

第四，在工伤保险方面，借鉴国际上通行的工伤预防、康复与补偿"三位一体"的做法，中国既要通过差别费率和浮动费率制辅以培训教育与监督检查相结合的管理模式来完善工伤保险的事故预防机制，也要落实工伤康复经费，引导制定配套办法和措施，逐步建立符合中国国情的工伤康复模式。另外，中国还需提高对职工因职业病受到伤害的关注，加大法律法规宣传力度，针对"三资"企业、外商独资企业进行法律教育，帮助企业树立预防职业病危害的责任感。

第五节　深化分配制度改革

一　努力解决初次分配中劳动者报酬偏低问题

制度可以减少不确定性，降低交易费用，提高效率。预期是经济主体的主观行为，在影响预期的诸多因素中，制度起着决定性的作用。就消费领域而言，影响消费者预期的制度基础是分配制度。深化分配制度改革，可以增强居民消费能力。针对当前中国初次分配中劳动者报酬偏低的问题，应主要从增强劳方博弈力量入手，提高劳动者在劳资契约中的报酬水平。

在实际运行情况中，劳动者通常是根据劳动合同规定获取相应报酬的。劳资契约的不完全性使得劳动报酬水平的高低主要取决于劳资双方之间博弈力量对比。当前中国劳动者报酬低的现实在很大程度上源自于劳方博弈力量的低下，为此，必须从增强劳方博弈力量入手，主要措施有：

（一）加强工会组织建设

工会组织状况是关乎劳资双方博弈力量对比的关键问题，在当前中国工会运行缺乏代表性与独立性的现实下，需要不断加强工会组织建设，使其作为劳方利益的真正代言人，维护劳动者合法利益。为此，首先要增强基层工会的独立性建设。工会要想真正成为劳动者与集体劳权的代表必须将最终落脚点放在对劳动者合法利益的维护上。要做到这一点，中国政府必须在工会负责人的任命程序、工会的活动经费与负责人工资来源等问题上给予支持。中国各级政府需要进一步强化与推行"工会负责人由会员直接选举产生"的制度形式。通过财政拨款的形式支持工会建设，而这部分经费的来源可以采用税收的形式从职工工资中扣除，间接地实现工会会员的会费收缴，并将其用于支付工会维权活动的经费与工会领导人的工资。其次要发挥工人组建基层工会的自主性。加大工会的组建力度是近年来全国总工会开展工作的一个重点内容，但在实际运行的过程中，由于工会的组建采取的是自上而下的方式，因而存在着新组建工会仍然依附于管理方、无法履行"维权"职责的弊端。为此，中国政府在做好监督、检查与指导工作的同时，还需要通过立法赋予工人自发组建工会的权利，并通过大众传媒宣传工人自发组建工会的重要性，提高工人自发建会的觉悟。最后要注重加强工会组织在集体协商谈判中的谈判能力。工会对企业经营管理、劳动安全卫生以及工资理论和谈判知识的了解与掌握程度直接影响着劳资集体协商与谈判的效果，而这些方面往往是工会组织的弱项，因此，政府在鼓励各级工会努力学习和掌握相关知识与技能的同时，也可以通过提供培训服务的方式增强工会工作人员的业务能力与谈判技能。

（二）完善集体协商与集体合同制度

中国政府需要加强立法与执法建设，可以从三个方面进行努力：第一，尽快出台《集体合同法》，使集体协商与集体合同制度真正纳入法制化进程，提高立法层次，增强该项制度的法律权威，使之成为协调和规范劳资关系的一项重要制度。第二，针对推进集体协商与集体合同制度的过程中"工会干部保护不足"的问题，中国必须从法律层面给工会干部以切实保护，包括发挥上级工会的作用，让工会干部在代表和维护劳动者权益的过程中理直气壮无后顾之忧。第三，加强对集体合同履行与落实情况的监督执法，使目前已经形成的大量集体合同真正发挥实际的作用。此外，中国还需要尽快构建区域性与行业

性集体协商制度，为此，我们可以从以下几个方面进行努力：进一步
推动与完善工资的集体协商制度，并以此为蓝本规划设计其他与劳资
契约中的劳动条件实现有关的协商制度；大力宣传构建行业内集体协
商制度的意义。一方面，要加大宣传力度，对企业主进行正面引导，
让他们认识到企业与职工之间的利益联合关系，认识到行业内集体协
商在促进员工的民主参与、调动劳动者工作积极性、促进企业经济增
长方面的重要作用，认识到企业有义务依据法律规定积极支持行业内
集体协商制度的社会责任。另一方面，要通过优惠政策鼓励企业参与
到行业集体协商制度的构建与完善中去，同时要通过行业工会加强对
职工的教育，发动职工开展节能增效活动，让企业与职工看到共享双
赢的利益互动；进一步加强行业工会组织的建设，从而推进行业集体
协商的进程。中国基层工会存在代表性不强的问题，构建行业工会在
一定程度上能够避免这个问题，行业工会直接接受全国总工会的领
导，是开展行业内劳资关系集体协商的组织保障。为此，我们必须加
强行业工会的组织业务能力建设，可以通过加大培训的方式来锻炼工
会人员进行谈判的能力，培养一大批精通法律规范又具有谈判技巧的
高手，在协商中发挥劳动者利益代表者的作用，不断提高集体协商水
平，形成能够真正与企业方代表就劳资问题进行协商的合力；整合社
会资源，共同推进行业内集体协商。虽然劳资关系的集体协商主要参
与者是企业代表与劳动者代表，但是在协商的过程中，需要借助社会
上的其他资源提供可靠而真实的参考资料，从而为集体协商与集体合
同的起草提供现实依据，这样才能保证协商结果的可行性与现实性。

（三）促进就业，改善劳动力市场供求关系

劳动力供过于求是导致劳方博弈力量低下的又一重要原因，当
前，中国促进就业的政策取向主要是要解决劳动力市场上的供求不匹
配所带来的机构性矛盾问题。为此，中国必须要加大人力资本的投资
力度，优化劳动力供给结构，解决"普工荒"与"技工荒"难题；
必须要加快经济结构调整的步伐，发展适度技术的劳动密集型产业与
中小企业，进一步改善劳动力市场的需求结构；中国政府要在劳动力
市场运行方面发挥好干预与调节作用，加强公共就业服务，降低劳动

者寻找职业的盲目性并缩短求职时间，通过机制改革来完善工资价格指导线制度，进一步改革户籍制度，打破劳动力市场的流动性障碍，加强劳动力市场的立法与执法建设，规范劳动力市场运行秩序，通过改革建立完善的失业保险制度等。

二　逐步提高居民收入在国民收入分配中的比重

一国居民收入在国民收入分配中所占比重越大，其消费需求也就越大。这是因为，国民收入主要分派为居民收入、企业积累性与政府收入三种，其中，除了居民收入与政府收入中用于转移支付的部分外，其他收入形式对于消费的促进作用都比较弱。然而，从中国近十年来的居民可支配收入状况来看，居民收入在 GDP 中所占比重呈现连年下滑的趋势，居民可支配收入增速明显低于 GDP 增速。究其原因，主要在于政府收入的高速增长、垄断性企业对居民收入的挤占以及社会转型拐点阶段的特点使然。为此，在扩大内需的战略要求下，中国必须逐步提高居民收入在国民收入分配中的比重，具体从以下两个方面着手：

（一）政府向居民的让利

首先，要降低政府财政收入增长速度。据统计，在过去十年里，中国政府财政收入得到快速增长，其平均增速超过 GDP 增速 10 个百分点。在这一高速增长的财政收入中，个人所得税做出了较大贡献。据统计，中国居民的税收负担明显高于西方发达国家与一般性发展国家的平均水平，所以要增加居民收入就必须要从降低财政收入上开始着手，通过降低个税起征点与给予企业减税等措施可以有效实现向居民的让利。

其次，要节省政府开支。政府财政收入的高速增长与其要应对巨大的政府开支有着密切联系。然而，"三公"消费在政府开支中占据了较大份额，使财政收入的用途呈现畸形发展。所以，要节省政府开支，尤其是要遏制非公开、不透明的"三公"消费开支，通过对公务差旅、公务招待费等实行严格的监督、审查与审批制度可以起到直接节省开支、间接地降低财政收入增长速度的作用。

最后，要完善社会保障体系和提供更优质的公共服务。这主要是一种通过再分配制度提高居民收入水平的财政政策手段，可以通过提高用于社会保障体系与公共服务建设方面的财政支出的方式来实现。具体的方向是：通过财政的转移支付减轻中低收入者的负担，实现增加居民收入的目的；取消转移支付制度中的各种不合理补贴，增加民生补贴份额，更加注重对居民的直接补贴，而不是通过补贴企业而对居民实行间接补贴；通过机制体制改革减少政府浪费现象，提高政府财政运行效率，使之更好地授惠于民；同时，还要将城镇化过程中失去土地与生活来源的农民包含在财政补贴的范围内，使全体居民都能得到真正实惠。

（二）企业向居民的让利

首先，要充分发挥国有企业的作用，加大国企向财政的分红额度。国有企业每年上缴的利润是政府财政收入的重要组成部分，提高国企上缴的利润率可以形成更多的财政收入，并通过收入再分配制度让利于民。

其次，要通过国有金融业向居民让利。也就是实现国有银行高额利润的让利，通常而言，国有银行利润来源虽然与垄断性因素密不可分，但更主要还是在于存款与贷款的利率差，我们可以通过提高存款利率的形式增加居民收入，从而实现金融企业向居民的让利。

最后，扶持中小企业发展，为居民创造更多就业与创业机会，也可以提高居民的收入水平。

三 健全工资收入正常增长和支付保障机制

工资收入是居民主要的收入来源，提高居民的可支配收入，必须建立科学的工资制度，保障居民工资的正常增长和支付。可以从以下几个方面着手：

（一）强化最低工资制度

工薪者尤其是民营企业工薪者的最低工资必须予以保障，保障最低工资，必须科学合理地确定最低工资标准，使最低工资的标准与当地的经济发展速度相协调，使最低工资水平与物价水平的变化相一致；监督、保证最低工资能够成为工薪者可随意支配的收入，避免出现社会保障费用挤占最低工资现象的出现。

（二）规范企业内部收入分配制度

保障劳动者的收益和工薪者工资的增长，必须理顺和规范企业内部的收入分配关系，应规制企业（主要是电力、石油、金融燃气、自来水等垄断企业）经营管理者工资的增长，坚决取缔无依据收入，保持经营管理者与劳动者之间收入的合理差距，缩小劳资收入差距，为工薪者提高工资收入提供空间。

（三）建立工资增长制度

形成劳动工资与企业效益增长联动机制，提高劳动成本在企业总成本中的比重，防止资本收益侵占劳动收益行为发生。与此同时，应鼓励、扶持企业逐渐建立企业年金制，根据企业经营实际和利润增长状况，适当为工薪者补充年金，增加工薪者的隐性收入和消费信心。

（四）加强法律和社会监管

科学的工资制度，需要法律和社会的支持和保障。必须建立健全相关法律法规，建立统一完整的社会信用体系，对克扣、拖欠职工工资的行为，坚决予以法律的制裁；对漠视劳动者利益，故意挤占、压缩劳动者工资增长空间的企业，在政府、工会组织干预的基础上，应给予信用的限制。

四　适当调节收入分配结构

调整收入分配结构关键是要遵循"控高、扩中、提低"的三大原则，多措并举，健全机制，逐步形成两头小中间大的"橄榄形"收入分配结构。因此，应该着力于以下几个方面：

（一）优先"提低"

所谓"提低"指的是提高低收入者的收入水平。为此，需要合理提高劳动者报酬，要通过完善最低工资标准，企业职工工资增长机制，最低生活保障制度，加大对低收入群体转移支付的力度，并制定出明确的时间表和路线图；要拓宽居民投资渠道，逐步规范债券、股票、商品期货等金融市场，让居民拥有更多获得财产性收入的机会；努力提高城市和农村最低生活保障标准，加大对低收入家庭的补贴和救助力度，提高低收入人群收入；推进现代农业富民增收，增加农民工资性收入、财产性收入和政策性补贴收入；加大扶贫收入力度，创新扶贫开发机制,建立健全农村居民持续增收的长效机制;加大就业、再就业资金投入,加强职业培训和就业服务体系建设,实施更加积极的就业政策;健全工资收入分配决定、正常增长和支付保障机制,实现职工工资收入与经济发展、带动生产率同步提高。

(二)严格"控高"

所谓"控高",也就是适当限制高收入阶层的收入水平。对高收入群体要适时开征房产税、遗产税、赠与税、特别消费税,通过税收杠杆作用,调节高收入群体的可支配收入,促进高收入群体财富向现实购买力转化。尤其是对群众热议的电力、银行、能源等垄断行业的收入、国有企业高层管理者报酬、公务员福利过高等问题上,应尽快拿出切实可行的落地计划。

(三)稳步"扩中"

所谓"扩中",也就是着力扩大中等收入阶层的人群基数以及做稳这一阶层的收入水平。相对而言,"提低"与"控高"都应该基于"扩中",是以"扩中"为改革目标取向的。要紧跟国家混合所有制改革的步伐,通过发行企业优先股,允许社会资本参股国有企业,让国有企业实现的"红利"让更多的老百姓共享;要改革和完善个人所得税制度,调节居民收入水平;要进一步深化改革,发挥市场配置要素的内生动力,提高效率,扩大中等收入群体。

第六节 破除二元经济结构,激活
农村消费市场

一 提高农民收入

中国目前还有一半以上的人口在农村,因此,激活农村消费市场将不容忽视。消费的前提是收入的提高,为了提高农民收入,可以采取以下几个方面的措施:

第一,进一步完善农村劳动力市场的建设。构建农村就业信息网络,形成一个以县级政府为主导,以乡镇政府和村委会为主体的农村劳动力市场信息网络系统。

第二，进一步增加农村的教育投入。发展职业教育，从而提高劳动力素质，为其进入非农领域就业创造条件。

第三，继续推进农村城镇化，充分发挥城镇的聚集效应，从而为农村劳动力提供更多的非农就业的信息和机会。

第四，大力发展乡镇企业和民营经济，进一步拓宽农村劳动力非农就业的渠道。现在农村劳动力的边际产出仍然较低，只有将劳动力转移出去，农民才有足够的现金进行消费，才能形成工农业共同发展的良性循环态势。因此，大力发展乡镇企业，加速农村城镇化以及新农村建设，取消农民进城打工的各种限制具有重要意义。

二　提高农村市场的有效供给

生产企业要切实重视农村消费市场，认真研究农民的消费习惯、消费观念和消费特点，有针对性地开发、生产满足不同收入层次、不同地区农民消费需求的产品，做到简单实用、操作方便、价格低廉，使农民买得起、用得上，从而提高对农村市场的有效供给。为此，需要从以下几个方面着手：

第一，要加大国家财政对"三农"的支持力度。继续对农民"多予、少取、放活"。把推进农业产业化、提高农产品附加值作为发展现代农业的重点。优化农业生产结构，使粮价及其他农产品价格在一定水平上保持稳定，同时综合配套农民工进城务工、权益保障和相关的支持政策。

第二，切实把国家投资重点转向农村。结合城镇化和新农村建设，大力推进农村道路、安全饮水、供电、沼气、垃圾和污水处理等基础设施建设，加快改善农村生产生活条件。

第三，引导鼓励城市大型商贸流通企业经营网络向农村延伸。利用流通环节成熟的品牌、技术、配送体系和人才培训等优势，采取直营、加盟等灵活方式，开办村镇超市、便利店，促进工业品下乡，增加适合农村市场需要的适销对路商品。

第四，改善农村流通和消费环境供给。大力培育农民对家用电器的消费意愿。增加安装和售后服务，让农民买得省心，用得放心，修理不操心。

三　加快城镇化进程

要扩大农村的消费需求，最根本的问题就是要加快城镇化进程，改变其生活方式，提升其消费水平。为此，要解决以下三个问题：

第一，解决农民的集聚居住问题。可以借鉴浙江小城镇化的成功经验，以乡镇、街道为基本单位尝试开展"两分两换"（宅基地和承包地分开、搬迁与土地流转分开，以宅基地置换城镇房产、以土地承包经营权置换社会保障）试点工作，按照"换房、换钱、换地方"思路，根据不同区域和发展规划，采取公寓房置换、异地自建、货币置换等方式分类推进，同时并不改变农民的土地承包经营权，这样既可以促进农村居民成片集中居住，也可以将分散的土地集中连片进行平整，开展规模化经营。

第二，解决农民土地收益问题。农民进城集中居住后，所承包的土地收益的解决涉及土地流转问题，这些可以参照国外的农业发展模式，对适宜机械化生产的土地引入农业公司或者专业化合作组织来开展机械化生产，这样可以大大降低农业生产的成本，同时确保承包公司或者合作社每年有足够的收益来支付农民流转费、生活补助费等。

第三，解决政府资金投入问题。要给农民长期的保障，需要配套资金的补贴，政府不妨探索成立市乡两级投资开发公司，负责推动"两分两换"工作，并探索开展农村住房担保贷款试点，鼓励金融机构积极参与。同时，政府财政需加大对"两分两换"工作的支持力度，并结合收取土地复垦指标费、置换土地出让金以及争取相关配套补助资金等，缓解房屋搬迁、新房安置等方面资金短缺问题。

参考文献

［1］曹虹剑、罗能生：《个性化消费与模块化生产》，《消费经济》2007 年第 23 期。

［2］曹莹：《个性化产品催熟个性化消费》，《上海轻工业》2003 年第 6 期。

［3］曾霞、彭舒凌：《区域水资源生态环境现状及优化策略研究》，《科技进步与对策》2015 年第 32 期。

［4］陈冲：《政府公共支出对居民消费需求影响的动态演化》，《统计研究》2011 年第 5 期。

［5］陈守东、杨东亮：《中国财政支出不确定性对居民消费影响的实证研究》，《数量经济技术经济研究》2009 年第 9 期。

［6］陈欣欣：《马克思的工资理论及其现实意义》，《赤峰学院学报》（自然科学版）2011 年第 3 期。

［7］储德银、经庭如：《中国农村居民消费需求和收入水平的动态性研究——基于中国 1990—2007 年数据》，《消费经济》2009 年第 1 期。

［8］戴丽娜：《习惯形成、不确定性、流动性约束与居民消费——基于省际动态面板数据的实证分析》，《商业经济与管理》2010 年第 3 期。

［9］邓翔、李锴：《中国城镇居民预防性储蓄成因分析》，《南开经济研究》2009 年第 4 期。

［10］董雅丽、杜振涛、唐洁文：《消费文化观念对消费意向的影响研究》，《经济问题探索》2010 年第 9 期。

［11］段先盛：《收入分配对总消费影响的结构分析——兼对中国城镇

家庭的实证检验》,《数量经济技术经济研究》2009年第2期。

[12] 樊哲银:《提高产品质量是扩大内需的基础性工作》,《特区经济》2007年第6期。

[13] 方福前:《中国居民消费需求不足原因研究——基于中国城乡分省数据》,《中国社会科学》2009年第2期。

[14] 高国庆:《中国奢侈品消费现状及贸易发展趋势》,《管理研究》2011年第7期。

[15] 高鸿业主编:《西方经济学(宏观部分)》,中国人民大学出版社2013年版。

[16] 管卫华、周静、陆玉麒:《改革开放以来中国社会消费水平的区域格局变化》,《地理研究》2012年第2期。

[17] 郭子雪:《美、日两国产品质量管理特点及启示》,《经济纵横》2003年第12期。

[18] 国家环境保护局:《中国21世纪议程——中国21世纪人口、环境与发展白皮书》,中国环境科学出版社1994年版。

[19] 国务院发展研究中心"十二五"规划研究课题组:《中国生态环境现状及其"十二五"期间的战略取向》,《改革》2010年第2期。

[20] H.钱纳里:《工业化和经济增长的比较研究》,上海三联书店1989年版。

[21] 韩丹:《中国经济发展的自然资源约束研究》,《学习与探索》2012年第8期。

[22] 郝倩:《中国农村生态环境现状及其恶化成因分析》,《农业考察》2011年第6期。

[23] 何莽、夏洪胜:《中国奢侈品市场发展现状及趋势分析》,《商业时代》2007年第29期。

[24] 贺京同、侯文杰:《从自发消费的影响因素看如何扩大居民消费——基于年省际面板数据的实证》,《甘肃社会科学》2010年第3期。

[25] 贺京同、那艺:《调整政府支出结构提升居民消费意愿——一个

财政政策视角的分析》，《南开学报》（哲学社会科学版）2009年第 3 期。

[26] 胡磊：《中国传统经济发展方式的弊端》，《党政干部学刊》2010 年第 9 期。

[27] 湖南师范大学消费经济研究所：《尹世杰消费经济思想研究》，湖南人民出版社 1995 年版。

[28] 黄宗遭：《再谈产品的质和量》，《经济日报》2000 年 10 月10 日。

[29] 江林、马椿荣、康俊：《中国与世界各国最终消费率的比较分析》，《消费经济》2009 年第 1 期。

[30] 姜洋、邓翔：《传统文化、制度变迁双重影响下的中国居民消费行为研究》，《江苏社会科学》2009 年第 3 期。

[31] 姜作培：《扩大消费：经济发展方式转变的理性选择》，《福建论坛》（人文社会科学版）2008 年第 6 期。

[32] 蒋春秀：《中国居民消费率偏低的省际因素分析——来自省级面板数据的证据》，《上海经济研究》2010 年第 6 期。

[33] 蒋昭侠：《产业结构问题研究》，中国经济出版社 2005 年版。

[34] 金三林：《变动趋势、结构差异与消费需求不足扭转》，《发展》2009 年第 6 期。

[35] 李伯兴主编：《西方经济学》，东北财经大学出版社 2014 年版。

[36] 李稻葵：《中国经济的四种"新常态"》，《北京日报》2014 年 9月 29 日第 18 版。

[37] 李金华：《德国"工业 4.0"背景下中国制造强国的六大行动路径》，《南京社会科学》2016 年第 1 期。

[38] 李凌、王翔：《中国城镇居民消费增长与波动的福利成本比较》，《数量经济技术经济研究》2010 年第 6 期。

[39] 李朴民：《立足当前、着眼长远加快健全扩大内需的长效机制》，《经济日报》2009 年 7 月 16 日。

[40] 李新运、任栋：《基于球面投影法的中国"十二五"产业结构变化预测》，《山东经济》2011 年第 5 期。

[41] 厉以宁：《消费经济学》，人民出版社 1984 年版。

[42] 梁珊珊：《美国经济刺激政策对居民消费的影响分析》，《金融发展评论》2010 年第 4 期。

[43] 林白鹏、臧旭恒：《消费经济学大词典》，经济科学出版社 2000 年版。

[44] 林丕：《论产品质量概念的历史性转变——兼论企业的绿色经营问题》，《北京行政学院学报》2002 年第 5 期。

[45] 刘畅：《社会保障水平对居民消费影响的实证分析》，《消费经济》2008 年第 3 期。

[46] 刘方棫、杨圣明：《九十年代中国市场消费战略》，北京大学出版社 1994 年版。

[47] 刘方棫：《消费：拉动经济增长的引擎》，北京大学出版社 2005 年版。

[48] 刘方棫：《消费经济学概论》，贵州人民出版社 1984 年版。

[49] 刘梦兰、李教明：《构建和谐社会与消费法治保障》，《湖南商学院学报》2006 年第 1 期。

[50] 刘倩、巩潇然：《中国居民消费需求不足原因探析》，《合作经济与科技》2015 年第 10 期。

[51] 刘诗白：《中国转型期有效需求不足及其治理研究》，中国金融出版社 2004 年版。

[52] 刘险峰：《中国产业结构和消费结构协同发展的实证分析》，《消费导刊》2007 年第 5 期。

[53] 刘新、刘伟、胡宝娣：《社会保障支出、不确定性与居民消费效应》，《江西财经大学学报》2010 年第 4 期。

[54] 刘勇：《中国城镇化发展的历程、问题和趋势》，《经济与管理研究》2011 年第 3 期。

[55] 刘跃武：《对提高名牌质量的深层次认识》，《科学咨询（决策管理）》2005 年第 11 期。

[56] 刘长庚、吕志华：《改革开放以来中国居民边际消费倾向的实证研究》，《消费经济》2005 年第 8 期。

［57］ 娄峰、李雪松：《中国城镇居民消费需求的动态实证分析》，《中国社会科学》2009 年第 5 期。

［58］ 鲁全、郭泓：《社会保障影响居民消费的内在机制及其效应》，《重庆社会科学》2010 年第 8 期。

［59］ 贾康、苏京春：《"三驾马车"认知框架需对接供给侧的结构性动力机制构建——关于宏观经济学的深化探讨》，《全球化》2015 年第 3 期。

［60］ 罗斯托：《经济成长的阶段》，商务印书馆 1992 年版。

［61］ 马斌：《社会保障理论与实践》，中国劳动社会保障出版社 2006 年版。

［62］ 马蔚云：《经济转轨以来俄罗斯居民消费变化趋势》，《俄罗斯中亚东欧市场》2009 年第 6 期。

［63］ 毛中根、孙武福、洪涛：《中国人口年龄结构与居民消费关系的比较分析》，《人口研究》2013 年第 3 期。

［64］ 毛中根：《经济增长方式取向：四个国家比较与中国的定位》，《改革》2009 年第 4 期。

［65］ 孟捷：《马克思主义经济学的创造性转化》，经济科学出版社 2001 年版。

［66］ 祁鼎、王师、邓晓羽、孙武军：《中国人口年龄结构对消费的影响研究》，《审计与经济研究》2012 年第 4 期。

［67］ 祁毓：《不同来源收入对城乡居民消费的影响——以中国省级面板数据为例》，《农业技术经济》2010 年第 9 期。

［68］ 乔轶娟、曹万红：《民生改善对扩大消费需求的影响》，《经济研究导刊》2009 年第 14 期。

［69］ 屈韬：《中国农村消费行为及其制约因素分析》，《经济学家》2009 年第 9 期。

［70］ 任英华：《E－Views 应用实验教程》，湖南大学出版社 2008 年版。

［71］ 沈坤荣、付文林、李子联：《中国经济增长的动力机制与发展方式转变》，《江苏行政学院学报》2011 年第 1 期。

[72] 盛来运、侯锐：《建立促进农村居民消费增长的长效机制》，《今日中国论坛》2009 年第 5 期。

[73] 宋力刚：《论质量与效益》，中国质量管理委员会，1999 年。

[74] 宋晓波、问清泓：《完善中国产品质量监督制度之构想》，《中国社会科学院研究生院学报》2008 年第 6 期。

[75] 孙颖、郑春梅：《中国农村居民消费结构的聚类分析》，《北方工业大学学报》2008 年第 3 期。

[76] 孙章伟：《日本扩大内需消费的制度安排研究》，《日本学刊》2012 年第 2 期。

[77] 陶开宇：《建立扩大消费需求的长效机制》，《人民日报》2010年 11 月 24 日。

[78] 田青、高铁梅：《政府支出对居民消费的动态影响研究——基于可变参数模型的实证分析》，《社会科学辑刊》2008 年第 6 期。

[79] 佟丹丹：《论产业结构优化升级与扩大消费需求的关系》，《产业与科技论坛》2011 年第 17 期。

[80] 王干、鲁全：《论拉动居民消费与社会保障制度建设》，《湖南行政学院学报》2010 年第 3 期。

[81] 王昆强、饶雪玲：《三亚高端消费市场的培育与开发》，《财经界》（学术版）2015 年第 20 期。

[82] 王绍辉、陈名文：《树立科学的名牌质量观》，《经济与管理》1999 年第 11 期。

[83] 王天骄：《论不确定性对居民消费的影响》，《当代经济》2010年第 4 期。

[84] 王天义：《扩大居民消费与经济发展方式转变》，《经济理论与实践》2010 年第 9 期。

[85] 王裕国：《对当前消费经济领域重点研究的几个问题的意见》，《消费经济》2011 年第 1 期。

[86] 王裕国：《中国经济即将步入结构调整和制度创新型增长期》，《财经科学》2001 年第 1 期。

[87] 王裕国：《消费需求制约经济增长的机理及影响》，《经济学家》

1999 年第 5 期。

[88] 王岳平：《德国提升制造业产品质量的做法及对中国的启示与借鉴》，《经济研究参考》2012 年第 51 期。

[89] 文魁、刘慧：《合理消费：生态文明的源头》，《北京社会科学》2013 年第 2 期。

[90] 文启湘、冉净斐：《消费结构与产业机构的和谐：和谐性及其测度》，《中国工业经济》2005 年第 8 期。

[91] 文启湘、张慧芳：《论构建扩大消费的长效机制》，《消费经济》2011 年第 2 期。

[92] 文启湘：《流通与消费经济研究》，陕西人民出版社 2001 年版。

[93] 文启湘：《消费经济学》，西安交通大学出版社 2005 年版。

[94] 文启湘：《消费者行为》，陕西人民教育出版社 1993 年版。

[95] 巫仁恕：《品味奢华：晚明的消费社会与士大夫》，中华书局 2008 年版。

[96] 吴振球、祝正芳、谢香：《中国收入分配差距结构、经济景气波动与居民消费需求》，《宏观经济研究》2010 年第 6 期。

[97] 伍艳艳、戴豫升：《中国产业结构变化对居民消费率影响的实证研究》，《中央财经大学学报》2010 年第 9 期。

[98] 熊跃辉：《加强环境与健康工作是环境管理战略转型的必然趋势》，《环境保护》2014 年第 23 期。

[99] 徐绍史：《落实资源节约优先战略、推动经济发展方式转变》，《求是》2011 年第 4 期。

[100] 许进杰：《扩大消费、资源节约与生态文明消费模式》，《兰州商学院学报》2013 年第 8 期。

[101] 许进杰：《扩大消费需求与转变经济发展方式研究述评》，《现代经济探讨》2011 年第 9 期。

[102] 薛贺香：《不确定性对中国城镇居民消费行为的影响分析》，《乡镇经济》2009 年第 8 期。

[103] 杨宏：《马克思主义消费理论视域下中国老龄消费市场开发研究》，博士学位论文，大连海事大学，2011 年。

［104］杨圣明：《中国式消费模式选择》，中国社会科学出版社 1989 年版。

［105］杨天宇、柳晓霞：《满足消费最大化的最优居民收入差距研究》，《经济学家》2008 年第 1 期。

［106］杨天宇：《中国居民收入水平与边际消费倾向之间倒"U"型关系研究》，《中国人民大学学报》2007 年第 3 期。

［107］叶德珠、连玉君、黄有光、李东辉：《消费文化、认知偏差与消费行为偏差》，《经济研究》2012 年第 2 期。

［108］尹世杰、王裕国：《构建社会主义和谐社会之中的消费经济问题研究》，西南财经大学出版社 2005 年版。

［109］尹世杰：《略论消费需求的导向作用》，《人民日报》2010 年 5 月 28 日。

［110］尹世杰：《略论优化消费结构与转变经济发展方式》，《消费经济》2011 年第 1 期。

［111］尹世杰：《消费经济学》，高等教育出版社 2003 年版。

［112］尹世杰：《消费力经济学》，西南财经大学出版社 2007 年版。

［113］尹世杰：《消费文化学》，湖北人民出版社 2002 年版。

［114］尹世杰：《消费与产业结构研究》，经济科学出版社 2010 年版。

［115］尹宗成、张士云、李冬嵬：《中国农村居民消费的影响因素——基于省际动态面板数据分析》，《消费经济》2009 年第 2 期。

［116］于光远主编：《经济学大辞典》，上海辞书出版社 1992 年版。

［117］余芳东：《扩大中国居民消费潜力的国际比较研究》，《统计研究》2010 年第 6 期。

［118］袁仕正、杜涛：《日本经济高速增长时期的消费革命》，《学术研究》2010 年第 8 期。

［119］臧旭恒、李燕桥：《消费信贷、流动性约束与中国城镇居民消费行为——基于年省际面板数据的经验分析》，《经济学动态》2012 年第 2 期。

[120] 张恩碧:《公共消费、消费公平与内需拉动型经济增长》,《广东商学院学报》2011年第3期。

[121] 张凤、何传启:《创新的内涵、外延和经济学意义》,《世界科技研究与发展》2002年第6期。

[122] 张剑渝、杜青龙:《中国文化背景下消费价值观差异视角的参考群体影响研究》,《消费经济》2011年第1期。

[123] 张平、文启湘:《中国和谐消费的法律保障分析》,《学术界》2010年第10期。

[124] 张治觉、吴定玉:《中国政府支出对居民消费产生引致还是挤出效应——基于可变参数模型的分析》,《数量经济技术经济研究》2007年第5期。

[125] 赵吉林:《当前提高扩大居民消费需求成效的几个问题》,《经济学动态》2009年第1期。

[126] 赵吉林:《美国金融危机对中国消费文化建设的启示》,《管理观察》2009年第13期。

[127] 赵吉林:《中国消费文化变迁研究》,经济科学出版社2009年版。

[128] 赵明铎:《中美产品质量管理分析》,《现代商贸工业》2010年第20期。

[129] 赵鑫铖、谭鑫:《自然资源对中国经济增长的贡献分析》,《经济问题探索》2013年第7期。

[130] 赵振华:《金融危机后美国扩大消费需求的经验及其启示》,《青岛行政学院学报》2012年第1期。

[131] 赵峥、姜欣:《中国产业结构演变的历史进程与现实问题分析》,《创新》2012年第1期。

[132] 郑必清:《经济增长方式转变和消费增长的新阶段》,《长白论丛》1997年第1期。

[133] 郑红军:《中国产品质量研究的综观视角》,《学术研究》2007年第6期。

[134] 中国电子信息产业发展研究院编著:《中国产业结构调整蓝皮

书》，中央文献出版社 2012 年版。

[135] 周超：《个性化消费：21 世纪消费思想》，《商业研究》1995
年第 5 期。

[136] 周殿昆：《"中国资源性供给紧约束"条件下国家消费模式的
合理选择》，《消费经济》2006 年第 5 期。

[137] 周辉：《消费结构、产业结构与经济增长——基于上海市的实
证研究》，《中南财经政法大学学报》2012 年第 2 期。

[138] 周颖洁：《中国奢侈品市场和阶级分层——什么人在购买奢侈
品》，《考试周刊》2009 年第 6 期。

[139] 周振华：《挑战过剩》，上海人民出版社 2000 年版。

[140] 朱国林、范建勇、严燕：《中国的消费不振与收入分配理论和
数据》，《经济研究》2002 年第 5 期。

[141] 朱雨可：《中国经济转型期新中间阶层消费方式变迁研究》，
博士学位论文，西南财经大学，2008 年。

[142] 祝福恩：《扩大内需的关键是提升居民消费率》，《中共中央党
校学报》2009 年第 2 期。

[143] 邹红、喻开志：《中国城镇居民家庭资产选择行为研究》，《金
融发展研究》2010 年第 9 期。

[144]《中央关于经济体制改革的决定》，人民出版社 1984 年版。

[145]［法］萨伊：《政治经济学概论》，商务印书馆 1963 年版。

[146]［美］巴罗·萨拉伊马丁：《经济增长》，中国社会科学出版社
2000 年版。

[147]［美］戴维·N. 韦尔：《经济增长》，金志农等译，中国人民
大学出版社 2007 年版。

[148]［美］加尔布雷思：《丰裕社会》，徐世平译，上海人民出版社
1965 年版。

[149]［美］诺思：《经济史上的结构的变革》，商务印书馆 1992
年版。

[150]［美］乔治·吉尔德：《财富与贫困》，译文出版社 1985 年版。

[151]［英］大卫·李嘉图：《李嘉图著作和通信集》第 6 卷，胡世

凯译，商务印书馆 1980 年版。

［152］［英］亚当·斯密：《国富论》下卷，郭大力等译，商务印书馆 1972 年版。

［153］［英］约翰·梅纳德·凯恩斯：《就业、利息和货币通论》，高鸿业译，商务印书馆 1997 年版。

［154］郑永钦：《论技术进步与提高产品质量》，《科企论坛》1995 年第 4 期。

［155］《90 年代：奢侈品在中国借力高端酒店曲线入市》，http：// news. winshang. com/news－86509. html，2011 年 3 月 30 日。

［156］《大众消费品高端化》，http：//www. xue163. com/news/680/ 6806012. html，2016 年 1 月 31 日。

［157］《中国消费结构升级：生存型消费转向服务性消费》，http：// finance. eastmoney. com/news/1350， 20150407494063685. html， 2015 年 4 月 7 日。

［158］《中国消费者买下全球三成奢侈品——为最大买家》，http：// union. china. com. cn/kx/txt/2016－03/16/content＿8639735. htm，2016 年 3 月 16 日。

［159］《中国消费者为啥热衷于海外购物呢？》，http：//mt. sohu. com/ 20160125/n435856881. shtml，2016 年 1 月 25 日。

［160］《人民日报系列评论新常态：经济运行呈现新特征》，《人民日报》（中国经济周刊）2014 年 12 月 2 日，http：//special. ceweekly. cn/2014/1202/97872. shtml，2016 年 3 月 1 日。

［161］Leland, H. E., "Savings and Uncertainty the Precautionary Demand for Saving", *Quarterly Journal of Economics*, Vol. 82, No. 2, June 2000, p. 32.